Kommentar

zum

Versicherungsstempelgesetz vom 3. Juli 1913, nebst Ausführungsbestimmungen vom 15. September 1913.

In Verbindung mit

Dr. Paul Brüders
Generalsekretär
des Internationalen Transportversicherungs-verbandes

und

Dr. Simon Wertheimer
Prokurist
der Bayerischen Versicherungs-bank

herausgegeben von

Dr. Otto Meltzing
Sekretär
des Verbandes Deutscher Lebens-Versicherungsgesellschaften.

Hamburg 1913
L. Friederichsen & Co.
(Dr. L. u. R. Friederichsen)

Inhaltsverzeichnis.

Vorwort.

Mit überraschender Schnelligkeit sieht sich die Versicherungspraxis einem ganz neuen Stempelsteuerrecht gegenüber. Das Reichsstempelgesetz vom 3. Juli 1913 läßt vom 1. Oktober 1913 ab die einzelstaatlichen Stempelvorschriften verschwinden. Ganz Deutschland wird einer einheitlichen Stempelbesteuerung von Reichswegen unterworfen. Der Uebergang von einem Rechtszustand in einen anderen bringt Störungen und Schwierigkeiten mit sich, zumal wenn er sich plötzlich vollzieht. Diese Tatsache rechtfertigt den Versuch, durch eine möglichst übersichtliche, auf praktische Bedürfnisse zugeschnittene Darstellung des Gesetzes und seiner Ausführungsbestimmungen der Versicherungspraxis den Uebergang in den neuen Rechtszustand und die Anwendung der neuen Stempelsteuervorschriften zu erleichtern. Vom gesamten Stoff übernahm Herr Generalsekretär Dr. Brüders die Bearbeitung der Transportversicherung, Herr Dr. Wertheimer die der Feuer-, Einbruchdiebstahl- und Glasversicherung, der Herausgeber die der Lebensversicherung. Möge sich die Schrift als geeignet für die Erfüllung der Aufgabe erweisen, die sie sich stellt.

München, im September 1913.

Der Herausgeber.

I. Entstehung und Grundlagen des Gesetzes.

Während das Reich auf Grund des Artikels 4 Abs. 1 der Verfassung die öffentlich- und die privatrechtliche Seite des Versicherungswesens durch die Gesetze vom 12. Mai 1901 (Reichsaufsichtsgesetz) und vom 30. Mai 1908 (Versicherungsvertragsgesetz) einheitlich geregelt hatte, war die Besteuerung einschließlich der Stempel und Gebühren den Einzelstaaten überlassen geblieben. Naturgemäß wichen die Gesetze der verschiedenen Bundesstaaten weit voneinander ab, was bei der Ausdehnung der meisten Gesellschaften auf das ganze Reich zu Unannehmlichkeiten und Härten führte. So erklären sich die aus Fachkreisen laut gewordenen Klagen über die Rechtsverschiedenheit und die Forderungen nach einer Vereinheitlichung. Daneben machten sich allerdings Stimmen geltend, die vor den mit einer Vereinheitlichung verbundenen Gefahren warnten.[1])

Wie vielgestaltig die Stempelsteuerverhältnisse in Deutschland waren, zeigt die nachstehende kurze Zusammenstellung.

Zwölf Bundesstaaten, darunter Baden, die beiden Mecklenburg, Sachsen-Weimar u. a. hatten derartige Gebühren überhaupt nicht erhoben, in den übrigen großen Bundesstaaten hatten sich die Gebühren und Stempel meist in angemessener Höhe gehalten und nur Württemberg, Hessen und Hamburg waren zu einer übermäßigen Belastung gelangt.

In der Lebensversicherung schwankten die Steuersätze zwischen 50 Pf. und 2 Mk. vom Tausend der Versicherungssumme. In der Unfall- und Haftpflichtversicherung gelangte 1/2 bis 1 % des Gesamtbetrages der verabredeten Prämien als Stempel zur Erhebung oder wurde eine von der Höhe der Versicherungssumme abhängige Abgabe gefordert. In der Feuerversicherung bewegten sich die Stempelsteuersätze zwischen 1 Pf. und 10 Pf für je 1000 Mk. Versicherungssumme und ein

[1]) vgl. Artikel „Besteuerung" in Manes Versicherungslexikon, Ergänzungsband S. 128.

Versicherungsjahr oder wurde der Stempelbemessung der Prämienbetrag zu Grunde gelegt. In der Hagel- und Viehversicherung gab es Stempel zwischen 10 Pf. und 2 Mk. vom Tausend der Versicherungssumme. Wegen der Transportversicherung vergl S. 32.

Mannigfach waren in den einzelnen Bundesstaaten die Grundsätze, nach denen die Steuer erhoben wurde. In einigen Bundesstaaten war Voraussetzung für die Stempelpflicht, daß der Versicherungsvertrag sich auf Personen oder Sachen bezog, die im Gebiet jener Staaten wohnten oder sich dort befanden. Anderswo waren Versicherungsverträge stempelpflichtig, wenn die Versicherung bei einem Versicherungsunternehmen geschlossen war, dessen Sitz im bundesstaatlichen Inland lag. Noch andere Bundesstaaten machten die Stempelpflicht davon abhängig, daß der Versicherungsvertrag in dem betreffenden Staatsgebiet errichtet war. Weiter war für die Stempelpflicht die Tatsache maßgebend, daß der Versicherungsvertrag im bundesstaatlichen Inlande erfüllt wurde, schließlich noch, daß der Versicherungsvertrag im Geschäftsbetriebe eines im Inlande tätigen Versicherungsvertreters vermittelt worden war. Häufig wurden diese verschiedenen Grundsätze in der Steuerpraxis miteinander verbunden.

Durchaus verschieden ging die einzelstaatliche Steuerpraxis bei der Abgrenzung der Versicherungszweige vor, die der Besteuerung unterworfen waren. Am allgemeinsten waren die Lebens-, Feuer-, Unfall- und Haftpflichtversicherungsverträge der Besteuerung unterstellt. Die Hagel- und Viehversicherung dagegen war in einem ziemlich großen Teile Deutschlands stempelfrei (Bayern, Württemberg, Sachsen). Noch kleiner war der Kreis der Bundesstaaten, die die Transportversicherung besteuerten.

Die Voraussetzungen für die Befreiung kleiner Versicherungssummen von der Stempelpflicht waren ebenfalls verschieden. Soweit Steuerfreiheit überhaupt vorgesehen war, bewegte sich die Grenze etwa zwischen 1000 und 5000 Mk.

Hierzu kam, daß kein Bundesstaat bei der Gestaltung seiner Stempelsteuergesetzgebung auf den Nachbarstaat Rücksicht nahm. Für eine so zwischenstaatliche, ja, internationale Ware, wie sie ein Versicherungsvertrag verkörpert, war die Folge hiervon, daß derselbe Vertrag nicht selten in verschiedenen Bundesstaaten zur Steuer heranzogen wurde, also einer Doppel- und Mehrfachbesteuerung unterlag. Die Verschiedenheit der einzelstaatlichen Stempelsteuerbestimmungen schloß für die Versicherer eine Ungerechtigkeit insofern ein, als Versicherungsunternehmungen in Bundesstaaten ohne Versicherungsstempel im Wettbewerb mit Gesellschaften in Bundesstaaten mit Stempelsteuern begünstigt waren, ebenso Anstalten, deren Sitz sich in Staaten mit niedrigen Stempelsätzen befand, gegenüber Unternehmungen in Gebieten mit hohen Stempelsteuertarifen.

Diese Zustände mußten um so unangenehmer empfunden werden, als schon an sich die Heranziehung von Versicherungsverträgen zu Stempelsteuern als bedenklich erscheint, wenn man die hohe wirtschaftliche und soziale Bedeutung berücksichtigt, die dem Versicherungswesen in seinen verschiedenen Zweigen zukommt. Es war auch inkonsequent, die Versicherungsverträge einer Stempelsteuer zu unterwerfen, wenn in den Einkommensteuergesetzen derselben Bundesstaaten die Abziehbarkeit der Lebensversicherungs- und zum Teil der Feuerversicherungsprämien vom steuerbaren Einkommen in bestimmter Höhe gestattet war. Den Grundsätzen einer gesunden Versicherungs- und Sozialpolitik hätte es daher, als das Reich sich mit Stempelsteuerfragen zu befassen begann, entsprochen, die Versicherungsverträge von der Stempel- und Gebührenpflicht überhaupt zu befreien. Statt dessen nahmen die Dinge eine gerade entgegengesetzte Wendung, die allerdings in der Finanznot des Reiches ihre Erklärung findet. Man begann nämlich in den Versicherungsverträgen eine Einnahmequelle für das Reich zu erblicken.

Zum erstenmale nahm dieser Gedanke im Jahre 1909 eine greifbare Form an. Da man sich damals auf Feuerversicherungsverträge beschränkte, diese aber allzu stark belasten wollte, und da bei der geplanten Erhaltung der einzelstaatlichen Stempel und Gebühren nicht einmal die bunte Rechtsverschiedenheit beseitigt worden wäre, wurde die Vorlage von der Finanzkommission des Reichstags in ihrer Sitzung vom 25. Juni 1909 abgelehnt.

Die politischen Veränderungen, die in gewissen Teilen Europas in den letzten Monaten vor sich gingen, der Zusammenbruch der Türkei, die Bildung einer neuen, nach Rußland gravitierenden Mächtegruppe am Balkan stellten die Reichsregierung vor die Notwendigkeit, die Wehrmacht des Deutschen Reichs wesentlich zu verstärken. Zur Deckung der hierdurch entstehenden erheblichen einmaligen und dauernden Mehrausgaben mußten dem Reich neue Einnahmequellen erschlossen werden. Zu diesem Zweck griff man auf den 1909 gescheiterten Gedanken zurück. Die neue Vorlage erstreckte sich auf eine größere Reihe wichtiger Versicherungszweige und enthielt die Bestimmung, daß die einzelstaatlichen Gebühren und Stempel sowohl für die vom Reich erfaßten, als auch für die befreiten Versicherungszweige wegfallen sollten. Die so gewährleistete einheitliche Regelung des Versicherungsstempelrechts für das ganze Deutsche Reich erschien als das Mittel, den beteiligten Kreisen die mehr oder minder erhebliche Stempelerhöhung etwas schmackhafter zu machen. Nachdem die Bundesstaaten ihre Zustimmung zur Übertragung der Stempelbesteuerung auf das Reich erteilt hatten, wurde der Entwurf am 28. März 1913 dem Parlamente vorgelegt. Die erste Beratung des Entwurfs im Plenum des Deutschen Reichstags fand in der Zeit vom 9. bis 12. April 1913 statt. Durch Reichstagsbeschluß vom 12. April wurde der Entwurf der Kommission für den Reichshaushaltsetat zur Weiterberatung überwiesen. Die Kommission beschloß die Vornahme von zwei Lesungen. Die erste Lesung fand am 20. und 21. Juni, die zweite am 24. Juni 1913 statt. Hierauf ging der Entwurf mit dem Bericht der Kommission dem Plenum wieder zu. Dieses beriet über ihn in zweiter Lesung am 26. Juni. Die dritte Beratung im Plenum wurde am 28. und 30. Juni vorgenommen. An diesem Tage erfolgte die Annahme der Vorlage, die am 3. Juli 1913 die Kaiserliche Unterschrift erhielt.

Das Gesetz hat namentlich in der Mobiliar-Feuerversicherung eine schwer fühlbare Erhöhung der Gebührenpflicht zur Folge, auch wenn man davon absieht, daß es diese für 12 Bundesstaaten, wie erwähnt, erst begründet. So beträgt die Reichsabgabe im Verhältnis zu den bisherigen Landesabgaben in Preußen das 15fache, in Bayern das 3fache, in Sachsen das $7\frac{1}{2}$fache und selbst in Württemberg und Hessen tritt noch eine Erhöhung auf das 1½fache ein. Auch bei der Einbruchdiebstahlversicherung hat das Gesetz eine Steigerung der Abgabe auf das 5—10fache der bisherigen Gebühren zur Folge, eine bei dem geringen Alter dieses Versicherungszweiges sehr harte Belastung. Namentlich aber dürfte der Gesetzgeber hinsichtlich der Glasversicherung über das richtige Maß hinausgegangen sein, da hier sogar Steigerungen auf den 100fachen Betrag und darüber vorkommen.

Was die Art der Erhebung anlangt, so handelt es sich nicht, wie die Einreihung in das Reichsstempelgesetz vermuten ließe, um eine Stempelabgabe, sondern um eine Gebühr, wie sie bisher in Bayern unter der Bezeichnung Staatsgebühr bestand. Stempel werden bei dem ganzen Einziehungsverfahren nicht verwendet. Damit tritt für den größten Teil Deutschlands eine wesentliche Vereinfachung der Erhebung ein.

Die wichtigsten Bestimmungen des neuen Reichsstempelgesetzes, soweit es sich auf Versicherungen bezieht, sind folgende:

Voraussetzung für die Abgabepflicht ist,

1. daß die Versicherungen im Inland befindliche Gegenstände betreffen oder mit Personen abgeschlossen sind, die im Inland ihren Wohnsitz oder dauernden Aufenthalt haben,
2. daß die Versicherungssumme den Betrag von 3000 Mk. überschreitet.

Folgende Versicherungszweige unterliegen der Stempelpflicht durch das Reich:

1. Die Feuerversicherung, d. h. die Versicherung gegen Brand, Explosion oder Blitzgefahr u. dergl. und zwar sowohl die Versicherung beweglicher wie die unbeweglicher Gegenstände.
2. Die Einbruchdiebstahlversicherung.
3. Die Glasversicherung.
4. Die Transportversicherung.
5. Die Lebensversicherung, d. h. die Kapital- und Rentenversicherung einschließlich der Versicherung auf den Lebensfall, also der Invaliditäts-, Alters-, Aussteuer-, Militärdienstversicherung u. dergl.

Vom Versicherungsstempel befreit sind:

1. Die Transportversicherungen, welche Münzen, edle Metalle oder Wertpapiere betreffen (Valorenversicherungen).

2. Rückversicherungen.
3. Versicherungen nach Maßgabe der Reichsversicherungsordnung, soweit sie nicht auf §§ 843, 1029, 1198 beruhen, des Versicherungsgesetzes für Angestellte oder der auf Grund berggesetzlicher Vorschriften errichteten Knappschaftskassen.
4. Versicherungen von Bediensteten und Arbeitern gegen Todesfall oder Körperverletzung im Gewerbebetrieb.
5. Krankenversicherungen, soweit sie nicht den Lebensversicherungen zuzurechnen sind.
6. Arbeitslosen- und Stellenlosigkeitsversicherungen.
7. Hagel- und Viehversicherungen.
8. Unfall- und Haftpflichtversicherungen.
9. Sonstige Versicherungen.

Die Höhe des Stempels weicht in den einzelnen Versicherungszweigen, bei einigen derselben auch für die Unterarten des gleichen Zweiges, voneinander ab. Im einzelnen gilt folgendes:

1. In der Feuerversicherung wird zwischen Mobiliar- und Immobiliarversicherungen unterschieden. Mobiliarversicherungen von einjähriger oder mehr als einjähriger Dauer unterliegen einem jährlichen Stempel von 15 Pfg. für je 1000 Mk. Versicherungssumme oder einen Bruchteil dieses Betrages. Mobiliarversicherungen von kürzerer Dauer haben für jeden begonnenen Monat 1½ Pf. für je 1000 Mk. Versicherungssumme oder einen Bruchteil dieses Betrages zu zahlen.

Immobiliarversicherungen tragen bei einjähriger oder mehr als einjähriger Dauer einen jährlichen Stempel von 5 Pf. für je 1000 Mk. Versicherungssumme oder einen Bruchteil dieses Betrages. Bei Immobiliarversicherungen von kürzerer Dauer beläuft sich der Stempel für jeden Monat auf 5 Pfg. für je 10000 Mk. Versicherungssumme oder einen Bruchteil dieses Betrages.

Sowohl bei Mobiliar- wie bei Immobiliarversicherungen von einjähriger und längerer Dauer gilt jeder Bruchteil des zweiten oder ferneren Jahres als volles Jahr, bei den gleichen Versicherungen von kürzerer Dauer jeder Bruchteil eines Monats als voller Monat.

Die Abgabe ist für den Zeitraum zu berechnen, auf den sich die Zahlung des Versicherungsentgelts bezieht.

2. In der Einbruchdiebstahl- und Glasversicherung wird ein Stempel von 10 % der Barprämie in Abstufungen von 10 Pf. für je 1 Mk. oder einen Bruchteil dieses Betrages erhoben.

3. In der Transportversicherung unterscheidet das Gesetz zwischen Kasko- und Baurisikenversicherungen einerseits und sonstigen Transportversicherungen andererseits. Erstere tragen einen Stempel von $1/2$ % der Barprämie in Abstufungen von 5 Pf. für je 10 Mk. oder einen Bruchteil dieses Betrages. Die sonstigen Transportversicherungen haben einen Stempel von 1 % der Barprämie zu entrichten in Abstufungen von 10 Pf. für je 10 Mk. oder einen Bruchteil dieses Betrages.

4. In der Lebensversicherung beläuft sich der Stempel auf $1/2$ % der Barprämie. Er wird in Abstufungen von 5 Pf. für 10 Mk. oder einen Bruchteil dieses Betrages erhoben.

Bei Berechnung der Abgabe in den steuerpflichtigen Versicherungszweigen sind Pfennigbeträge der Steuerschlußsumme derart nach oben abzurunden, daß sie durch 10, bei den Mobiliarfeuerversicherungen von kürzerer als einjähriger Dauer, den Immobiliarfeuerversicherungen, den Kasko- und Baurisikenversicherungen und der Lebensversicherung durch 5 teilbar sind. Ausländische Werte sind nach den Vorschriften wegen Erhebung des Wechselstempels umzurechnen.

Da es für die Steuerbehörde mit großen Umständlichkeiten verknüpft wäre, von jedem einzelnen Versicherungsnehmer die Steuer direkt einzuziehen, legt das Gesetz die Entrichtung der Abgabe zunächst den Versicherern auf. Diese führen den Stempel an die Steuerbehörden ab und zwar beginnt ihre Steuerpflicht mit der Prämienzahlung. Der Stempel ist jeweils für den Zeitraum zu entrichten, auf den sich die Prämienzahlung bezieht. Schuldner der Abgabe ist indessen der Versicherungsnehmer. Er soll den Stempel tragen. Die Versicherer haben dem Versicherungsnehmer gegenüber einen zivilrechtlichen Anspruch auf Ersatz des von ihnen verauslagten Stempels.

Für die Abführung der Abgabe an die Steuerbehörde sehen das Gesetz bezw. die Ausführungsbestimmungen drei Wege vor. Das Normale ist, daß der Versicherer jede stempelpflichtige Prämienzahlung, die im Laufe eines Kalendermonats erfolgt, in ein für jeden Kalendermonat neu anzulegendes Versicherungsstempelbuch einträgt. Hierbei können mehrere Zahlungen eines Versicherungsnehmers innerhalb eines Monats, die auf Grund einer Versicherung geleistet werden, in einer Summe zusammengefaßt werden. Das Versicherungsstempelbuch ist für jeden Versicherungszweig besonders zu führen. Es enthält folgende 9 Rubriken: Laufende Nummer, Nummer des Versicherungsscheins, Gegenstand der Versicherung, Dauer der Versicherung und Zeitraum, für den die Prämienzahlung gilt, Betrag der Versicherungssumme bezw. der Prämie, Steuersatz, fälliger Stempel und Bemerkungen. Abweichungen hiervon sind insoweit zulässig, als die in den einzelnen Rubriken vorgesehenen Angaben für die Berechnung der Abgabe nicht in Betracht kommen. Die Versicherungsstempelbücher sind aufzurechnen, vom Versicherer zu unterschreiben und spätestens bis zum Schluß des folgenden Kalendermonats der zuständigen Steuerstelle vorzulegen. Zugleich ist derselben eine Nachweisung einzuhändigen, die die Zahl der Eintragungen in das Versicherungsstempelbuch und den Gesamtbetrag des abzuführenden Stempels enthält. Die Steuerstelle prüft die Eintragungen, stellt den Steuerbetrag fest, vereinnahmt ihn und bescheinigt den Empfang. Auf Verlangen sind der Steuerstelle die den Eintragungen in das Versicherungsstempelbuch zugrunde liegenden Urkunden, Geschäftsbücher usw. zur Einsicht vorzulegen. Das Versicherungsstempelbuch wird dem Versicherer zurückgegeben. Er hat die Bücher, nach der Reihenfolge der Monate geordnet, 5 Jahre hindurch aufzubewahren.

Auf Antrag des Versicherers kann die in Betracht kommende oberste Landesfinanzbehörde als zweites Steuerentrichtungsverfahren zulassen, daß anstelle des Versicherungsstempelbuchs andere über die Versicherungen geführte Bücher oder Listen verwendet werden wie Versicherungsverzeichnisse, Borderos, Prämien- und Stornoregister, sofern für jeden Versicherungszweig besondere Bücher vorhanden sind und in ihnen die für die Berechnung der Abgabe und für die Festhaltung der Versicherung erforderlichen Angaben enthalten sind. Hierbei kann die Aufstellungszeit bis zu einem Vierteljahr verlängert werden. Auch kann zugelassen werden, daß die Abgabe nach dem Prämiensoll bemessen und der Stempel für nicht eingegangene Prämien in einer der nächstfolgenden Aufstellungen abgesetzt wird.

Drittens kann auf Antrag des Versicherers die oberste Landesfinanzbehörde, sofern die vorschriftsmäßige Berechnung des Stempels und eine hinreichende amtliche Nachprüfung gewährleistet erscheint, genehmigen, daß die Abgabe nach dem Ergebnis des Vorjahres in monatlichen Teilbeträgen an die Steuerstelle vorläufig gezahlt und nach Schluß des jeweiligen Geschäftsjahres endgültig verrechnet wird. In diesem Fall ist auf die fällige Abgabe für jeden Monat bis zum 10. des folgenden Monats an die zuständige Steuerstelle eine Abschlagszahlung zu leisten, deren Höhe die Steuerstelle im ungefähren Betrag der fälligen Stempelabgabe festsetzt. Sie wird in der Regel nach dem Geschäftsumfang im gleichen Monat des Vorjahres veranschlagt. Nach Ablauf des Abrechnungszeitraums ist der Gesamtbetrag des fälligen Stempels unter Abzug der Abgabebeträge für nicht gezahlte Prämien festzustellen. Ist die Steuersumme größer als die der schon geleisteten Ratenzahlungen, so wird die Differenz nacherhoben, im entgegengesetzten Fall wird der Unterschied bei der nächsten Abschlagszahlung verrechnet. Anstelle der Versicherungsstempelbücher sind der Steuerstelle bei diesem Verfahren spätestens 3 Monate nach Ablauf des Abrechnungszeitraums in doppelter Ausfertigung Nachweisungen über die Abschlagszahlungen und die endgültige Abrechnung vorzulegen. Bei der letzteren sind die Versicherungsverzeichnisse, sowie andere Bücher und Listen, auf die sich die Abrechnung bezieht, und die Empfangsbestätigungen über die Abschlagszahlungen vorzulegen.

Die Verpflichtung zur Abführung des Stempels in jedem der drei Verfahren liegt dem Versicherer ob. Ist ein anderer ermächtigt, für den Versicherer Zahlungen entgegenzunehmen, so liegt auch diesem anderen die Verpflichtung zur Abführung ob. Die inländischen Versicherer und die Geschäftsstellen ausländischer Versicherer, denen die Leitung der Geschäfte im Inland übertragen ist, haben bei Inkrafttreten des Gesetzes der zuständigen Steuerstelle anzuzeigen, ob sie die Erfüllung der Steuerpflicht selbst übernehmen oder Bevollmächtigten übertragen wollen. Im letzteren Falle sind alle Bevollmächtigten genau anzugeben. Auch ist von allen Veränderungen im Bestande oder Wohnsitz der Bevollmächtigten der Steuerstelle Anzeige zu erstatten.

Hat der Versicherer im Inland keinen Wohnsitz, so ist sein Bevollmächtigter verpflichtet, der Steuerbehörde seines Bezirks Mitteilung von seiner Bestellung zu machen. Er hat der Steuerbehörde auch binnen 14 Tagen nach jeder Prämienzahlung Anzeige vom Gegenstand, der Art und Dauer der Versicherung und von den Prämienzahlungsfristen zu erstatten und auf Erfordern seine Geschäftspapiere vorzulegen.

Wenn von einem ausländischen Versicherer, der im Inland weder einen Wohnsitz noch einen Bevollmächtigten hat, Inlandsversicherungen abgeschlossen werden, so hat der Versicherungsnehmer selbst der zuständigen Steuerstelle jede Prämienzahlung schriftlich anzuzeigen. Die Steuerstelle prüft die Anmeldung, stellt den Steuerbetrag fest und vereinnahmt ihn.

Wenn infolge vorzeitigen Aufhörens der Versicherung oder infolge Herabminderung der Versicherungssumme oder der Prämie diese ganz oder teilweise zurückvergütet wird, ist auf Antrag der Stempel insoweit zu erstatten, als er nicht erhoben worden wäre, wenn der Eintritt dieser Umstände von Anfang an festgestanden hätte. Ueber derartige Erstattungsanträge entscheidet die Direktivbehörde. Sie müssen spätestens innerhalb Jahresfrist gestellt werden, nachdem der Antragsteller Kenntnis von den Tatsachen erlangt hat, auf die sich der Antrag stützt.

Die Nichterfüllung der Steuerpflicht wird mit einer Geldstrafe in Höhe des 25fachen Betrages der vorenthaltenen Abgabe, mindestens aber mit 20 Mk. belegt. Kann der Betrag der vorenthaltenen Abgabe nicht festgestellt werden, so tritt eine Geldstrafe von 20 bis zu 10000 Mk. ein. Als Nichterfüllung der Steuerpflicht wird auch die Unterlassung der Anfertigung der Aufstellung oder der Anzeige an die Steuerbehörde seitens der bevollmächtigten Vertreter ausländischer Versicherer angesehen oder die Aufnahme unrichtiger Angaben, die geeignet sind, die

Abgabe zu verkürzen. Die strafrechtliche Verantwortung für die Aufstellung und deren Versteuerung trifft den Bevollmächtigten, wenn der Versicherer nachweist, daß für die Anfertigung der Aufstellung mit Zustimmung der Steuerbehörde ein Bevollmächtigter bestellt ist.

Zuwiderhandlungen gegen die Vorschriften des Reichsstempelgesetzes oder gegen dessen Ausführungsbestimmungen, die im Gesetz mit keiner besonderen Strafe belegt sind, ziehen eine Ordnungsstrafe bis zu 150 Mk. nach sich. Dieselbe Strafe tritt ein, wenn sich aus den Umständen ergibt, daß eine Stempelsteuerhinterziehung nicht verübt werden konnte oder nicht beabsichtigt war. Die Verwandlung einer Geldstrafe, die vom Verpflichteten nicht bezahlt werden kann, in eine Freiheitsstrafe findet nicht statt. Auch darf zur Beitreibung von Geldstrafen kein Grundstück subhastiert werden, ohne Zustimmung des Verurteilten, wenn dieser ein Deutscher ist.

Alle Beurkundungen und sonstigen Urkunden über Versicherungen z. B. Anträge auf Abschluß der Verlängerung einer Versicherung, Versicherungsscheine, Verlängerungsscheine usw. unterliegen auch für die von der reichsgesetzlichen Stempelabgabe befreiten Versicherungszweige vom Inkrafttreten des Gesetzes an in den einzelnen Bundesstaaten einer Stempelabgabe nicht mehr.

Prämienzahlungen, die in der Zeit vom 1. April 1913 bis zum 1. Oktober 1913 geleistet werden, unterliegen dem reichsgesetzlichen Stempel, soweit sie sich auf die Zeit nach dem 1. Oktober 1913 beziehen. Die hiernach steuerpflichtigen Prämienzahlungen sind binnen einem Monat nach dem 1. Oktober 1913 bei der Steuerbehörde anzumelden. (Vergl. aber Ausf. Best. § 208). Die Anmeldung liegt dem Versicherungsnehmer und dem Versicherer ob. Ist aus Anlaß dieser Prämienzahlungen bereits eine bundesstaatliche Stempelabgabe entrichtet worden, so wird der Betrag auf die reichsgesetzliche Abgabe angerechnet.

Der Anspruch auf Zahlung der nach dem Reichsstempelgesetz zu entrichtenden Abgaben unterliegt der Verjährung. Die Verjährungsfrist beträgt 5 Jahre. Sie wird unterbrochen durch eine an den Zahlungspflichtigen erlassene Aufforderung zur Zahlung und durch die Bewilligung einer von ihm nachgesuchten

Stundung. Zur Klarstellung, ob eine Verpflichtung zur Entrichtung der reichsgesetzlichen Stempelabgabe vorliegt, ist der Rechtsweg zulässig. Alle derartigen Streitigkeiten gehören vor die ordentlichen Gerichte. Unbeschadet des Rechtsweges ist die Abgabe einstweilen unter Vorbehalt zu zahlen, andernfalls kann sie beigetrieben werden. Binnen 6 Monaten nach der unter Vorbehalt erfolgten Zahlung oder nach der Beitreibung muß die Klage eingereicht werden. Zuständig sind ohne Rücksicht auf den Streitwert die Landgerichte, als Berufungsinstanz die Oberlandesgerichte und als Revisionsinstanz das Reichsgericht. Zur Klage berechtigt erscheint der Versicherungsnehmer, da dieser Schuldner der Abgabe ist. Der Versicherer könnte nur auf Grund einer Abtretung des Anspruchs klagen.

II. Inhalt des Gesetzes nebst Kommentar.

(XI. Versicherungen. Tarifnummer 12.)

A. Stempelsteuertarif.

Nr.	Gegenstand der Besteuerung	Steuersatz vom Hundert	Steuersatz vom Tausend	Berechnung der Stempelabgabe
	Versicherungen			
12	Beurkundungen (1) über die Zahlung des Entgelts (2) (Prämien, Beiträge, Vor- oder Nachschüsse, Umlagen) für die Übernahme von Versicherungen (3), welche im Inland (4) befindliche Gegenstände betreffen (5) oder mit Personen abgeschlossen sind, die im Inland ihren Wohnsitz (5a) oder dauernden Aufenthalt haben:			
	A. bei der Feuerversicherung (6) (Versicherung gegen Brand, Explosion oder Blitzgefahr u. dergleichen) (7), soweit sie betrifft			
	1. bewegliche Gegenstände (8), bei Versicherungen			
	a. von einjähriger oder mehr als einjähriger Dauer (9) für jedes Jahr . . .		15/100	der Versicherungssumme und zwar in Abstufungen zu 1a von 0,15 Mark für je 1000 Mark, zu 1b von 0,015 Mark (d. h. 1½ Pfennig) für je 1000 Mark oder einen Bruchteil dieser Beträge
	b. von kürzerer Dauer (10) für jeden Monat . .		15/1000	

Nr.	Gegenstand der Besteuerung	Steuersatz vom Hundert	Steuersatz vom Tausend	Berechnung der Stempelabgabe
12	2. unbewegliche Gegenstände, bei Versicherungen (11) a. von einjähriger oder mehr als einjähriger Dauer für jedes Jahr . . . b. von kürzerer Dauer für jeden Monat . .		1/20 1/200	der Versicherungssumme und zwar in Abstufungen zu 2a von 0,05 Mark für je 1000 Mark, zu 2b von 0,05 Mark für je 10000 Mark oder einen Bruchteil dieser Beträge.
	Im Falle zu 1a und 2a gilt jeder Bruchteil des zweiten oder ferneren Jahres als volles Jahr, im Falle zu 1b und 2b jeder Bruchteil eines Monats als voller Monat (11a).			Die Abgabe ist für den Zeitraum zu berechnen, auf den die Zahlung des Versicherungsentgelts sich bezieht.
	B. bei der Einbruchsdiebstahl- (12) und Glasversicherung	10		des gezahlten Entgelts (Barprämie) in Abstufungen von 0,10 Mark für je 1 Mark oder einen Bruchteil dieses Betrags.
	C. bei der Transportversicherung, (13) und zwar 1. bei der Kasko- (14) und Baurisikenversicherung (15) . . . . . . 2. bei sonstigen Versicherungen (16)	 1/2 1		des gezahlten Entgelts (Barprämie) in Abstufungen zu C 1 von 0,05 Mark für je 10 Mark, zu C 2 von 0,10 Mark für je 10 Mark oder einen Bruchteil dieses Betrags.
	Befreit sind: Transportversicherungen, welche Münzen, edle Metalle oder Wertpapiere betreffen (Valorenversicherung) (17).			

Nr.	Gegenstand der Besteuerung	Steuersatz vom Hundert	Steuersatz vom Tausend	Berechnung der Stempelabgabe
12	D. bei der Lebensversicherung (18) (Kapital- und Rentenversicherung (20)) einschließlich der Versicherung auf den Lebensfall (Invaliditäts-, Alters-, Aussteuer-, Militärdienstversicherung und dergleichen) **Befreiungen (21) zu A bis D.** **Befreit sind:** 1. Rückversicherungen (22). 2. Versicherungen, bei welchen die Versicherungssumme den Betrag von 3000 Mark nicht übersteigt (23). Als Versicherungssumme gilt bei Rentenversicherungen der Kaufpreis und in Ermangelung eines solchen der zehnfache Betrag der Rente (24). Werden bei Versicherungen gleicher Art (25) von demselben Versicherer (26) für dieselbe Person mehrere Versicherungsverträge abgeschlossen, so tritt die Befreiung nur ein, wenn deren Beträge zusammen die Summe von 3000 Mark nicht übersteigen.	$^1/_2$		des gezahlten Entgelts (19) (Barprämie) in Abstufungen von 0,05 Mark für je 10 Mark oder einen Bruchteil dieses Betrags. **Anmerkungen zu A bis D.** Bei Berechnung der Abgabe sind Pfennigbeträge der Schlußsumme (33) derart nach oben abzurunden, daß sie durch 10 — in den Fällen A Ziffer 1 b, 2, C Ziffer 1 und D durch 5 — teilbar sind. Ausländische Werte sind nach den Vorschriften wegen Erhebung des Wechselstempels (34) umzurechnen.

Nr.	Gegenstand der Besteuerung	Steuersatz vom Hundert	Steuersatz vom Tausend	Berechnung der Stempelabgabe
12	3. Versicherungen nach Maßgabe der Reichsversicherungsordnung, soweit sie nicht auf §§ 843 (27), 1029, 1198 beruhen, des Versicherungsgesetzes für Angestellte oder der auf Grund berggesetzlicher Vorschriften errichteten Knappschaftskassen. 4. Versicherungen von Bediensteten und Arbeitern gegen Todesfall oder Körperverletzung im Gewerbebetriebe (28). 5. Krankenversicherungen (29), soweit sie nicht unter D dieser Tarifnummer fallen. 6. Arbeitslosen- und Stellenlosigkeitsversicherungen. 7. Hagel- und Viehversicherungen (30). 8. Unfall- und Haftpflichtversicherungen (31). 9. Versicherungen anderer als der zu A bis D genannten Art (32).			

(1) Die Veranlagung und Erhebung der Abgabe knüpft an die Beurkundungen über die Zahlung des Versicherungsentgelts an, zu deren Anfertigung der Versicherer oder sein Bevollmächtigter unter Strafandrohung verpflichtet ist. Dem Bundesrat bleibt vorbehalten, die Beurkundungen der Prämienzahlung tunlichst dem besonderen Geschäftsgebaren des einzelnen Versicherungszweiges anzupassen. (Begründung S. 29). Hieraus ergibt sich, daß der Gesetzgeber den Ausdruck „Beurkundung über die Zahlung des Entgelts" nicht in dem gewöhnlichen (Prämienquittung), sondern in einem weiteren Sinne (Aufstellungen über die Prämienzahlung) versteht. Die Beurkundung ist indessen nicht Voraussetzung für den Eintritt der Steuerpflicht, denn diese entsteht mit der Zahlung des Entgelts unabhängig davon, ob die Aufstellungen angefertigt werden. Danach ist die gelegentlich vertretene Anschauung (Deutsche Versicherungszeitung Nr. 59 vom 10. August 1913) irrig, der Reichsstempel könne dadurch vermieden werden, daß dem Versicherungsnehmer bei Zahlung der Prämie Prämienquittungen nicht ausgehändigt würden.

(2) Zum Entgelt ist nur das zu rechnen, was als Gegenleistung für die Uebernahme des Risikos gezahlt wird — die Prämie —, dagegen zählen nicht dazu Schreibgebühren, Zustellungsgebühren und dergleichen. Doch darf durch solche Gebühren keine Umgehung des Entgelts herbeigeführt werden.

Bei Feuerversicherungsverträgen ist nur eine Beurkundung über eine solche Prämienzahlung stempelpflichtig, die sich auf die Deckung einer Versicherungssumme bezieht, die also nicht nur wegen Gefahrerhöhung, Ausdehnung des Umfangs der Gefahr und dergl. erhoben wird. Aus diesen Gründen sind Schoberversicherungen stempelfrei, wenn die Ernte bereits versichert ist. (s. auch Erläuterungen zu § 99).

(3) Gleichgültig ist, ob die Versicherung von Privat-Gesellschaften oder von öffentlichen Anstalten betrieben wird, ebenso ob der Versicherer Einzelunternehmer oder eine Personenvereinigung oder eine Anstalt ist und welche Rechtsform die Vereinigung oder die Anstalt hat. (Begründung S. 28).

Stempelpflichtig sind nur Verträge, durch welche ein Recht auf eine Leistung im Versicherungsfalle begründet wird, nicht aber Verträge, durch welche eine solche Leistung nur in Aussicht gestellt wird, ohne daß ein Rechtsanspruch darauf besteht.

Stempelpflichtig sind auch sogenannte vorläufige Deckungszusagen, d. h. schriftliche Erklärungen des Versicherers, daß er den Versicherungsnehmer bis zu einem bestimmten Zeitpunkt gedeckt hält, wenn dafür ein Entgelt (Prämie) gezahlt wird; denn auch hier handelt es sich um die Uebernahme einer Versicherung. In den meisten Fällen erledigt sich die Eintragung in die Aufstellung in der Weise, daß der endgültige Versicherungsvertrag auf den Beginn der Deckungszusage zurückdatiert wird. Wenn aber kein solcher endgültiger Vertrag zustande kommt oder wenn er in seiner Wirkung nicht zurückbezogen wird, so ist die Deckungszusage und die dafür erhaltene Prämie als selbständiger Versicherungsvertrag in die Aufstellung einzutragen.

Ebenso sind stempelpflichtig die mangels Kündigung stillschweigend eintretenden Verlängerungen von Versicherungen, für die naturgemäß Prämie entrichtet werden muß.

Daraus, daß als stempelpflichtig erklärt sind die Beurkundungen über die Zahlung des Entgelts *für die Übernahme* von Versicherungen, hat man den Schluß gezogen, daß nur Prämienzahlungen stempelpflichtig seien, die beim Abschluß der Versicherung gezahlt werden, daß also besonders die nach dem 1. Oktober 1913 fällig werdenden Folgeprämien für Versicherungen frei sind, die vor dem Inkrafttreten des Gesetzes übernommen sind. Diese Anschauung widerspricht dem Gesetz, da auch solche Folgeprämien *für* die Übernahme der Versicherungen gezahlt werden.

(4) Maßgebend ist der geographische Begriff des Inlandes. Daher ist das Freihafengebiet in Hamburg, Bremen, Stettin usw., das für die Zollgesetzgebung als Ausland gilt, im Sinne des Stempelgesetzes als Inland anzusehen. Zum Inland gehört auch die Insel Helgoland, dagegen nicht die deutschen Schutzgebiete.

Sogenannte Außenversicherungen sind nur steuerpflichtig, wenn die Versicherung auch für das Gebiet des Deutschen Reiches gilt. Im übrigen kann eine Stempelpflicht nur bei sogenannter selbständiger Außenversicherung in Frage kommen (s. oben

Anm. 2), da bei anderen Versicherungen nur eine Gefahrenerweiterung, aber keine neue Versicherungssumme beurkundet wird.

(5) Das ausländische Geschäft der inländischen Versicherungsgesellschaften wird von der steuerlichen Erfassung ausgeschlossen. Andererseits wird das inländische Geschäft ausländischer Versicherungsgesellschaften auch dann von der Besteuerung erfaßt, wenn es unmittelbar vom Ausland mit einem inländischen Versicherungsnehmer getätigt wird, ohne daß die ausländische Gesellschaft im Inland durch einen Bevollmächtigten irgendwelcher Art vertreten wird. (Begründung S. 28.)

Feuer-V. Die Stempelpflicht beschränkt sich, soweit die Feuer-, Einbruchdiebstahl- und Glasversicherung in Betracht kommt, auf Versicherungen, welche im Inland befindliche Gegenstände betreffen. Wenn auch die Worte „oder mit Personen abgeschlossen sind, die im Inland ihren Wohnsitz oder ständigen Aufenthalt haben" sich formell auf alle stempelpflichtigen Versicherungsarten beziehen, so muß doch nach der Natur der Sache und der historischen Entwicklung angenommen werden, daß man die Stempelpflicht von Feuer-, Einbruchdiebstahl- und Glasversicherungen nur von der Versicherungslokalität, nicht von dem Wohnsitz des Versicherungsnehmers abhängig machen wollte. Dieser Grundsatz läßt sich durch alle neueren Stempel- und Gebührengesetze verfolgen und hat sich dort bewährt. Es liegt kein Grund für die Annahme vor, daß man hiervon abgehen wollte. Die Fassung dürfte nur darauf zurückzuführen sein, daß man die einleitenden Worte zusammenfassend allen Versicherungszweigen voranstellte. Bei anderer Auslegung würden im Inland wohnende Versicherungsnehmer veranlaßt, ausländische Gegenstände nicht bei deutschen Versicherungsunternehmungen zu decken, da sie sonst in den meisten Fällen zweifach Stempelgebühren zu tragen hätten. Ohne daß dem Reichsfiskus ein Vorteil erwüchse, würden die deutschen Versicherungsunternehmungen geschädigt. Aus der Begründung (S. 28) ergibt sich die Absicht, das ausländische Geschäft deutscher Gesellschaften von der Besteuerung auszuschließen.

Transport-V. Von „im Inland befindlichen Gegenständen" kann hier nicht gesprochen werden. Denn hier handelt es sich nicht um Gegenstände, die sich in einem Ort befinden, sondern um solche, die transportiert, also bewegt werden. Auch die Ansicht, als im Inland befindliche Gegenstände seien bei der Transportversicherung im Sinne des Gesetzes solche Gegenstände anzusehen, die sich im Augenblick des Versicherungsabschlusses im Inland befinden, ist unhaltbar. Denn einmal ließe sich kein Grund dafür finden, warum z. B. Güter, die von Hamburg nach New York befördert werden, im Steuersinne anders behandelt werden sollen als Güter, die von New York nach Hamburg gehen. Sodann würde diese Auslegung, da ja das Gesetz davon ausgeht, daß die Steuer eine Besitzsteuer sein soll, dazu führen, daß alle im Augenblick des Versicherungsabschlusses in Deutschland befindlichen Gegenstände als deutscher Besitz zu versteuern wären. Es würden daher auch Waren, die von einem Amerikaner in Hamburg gekauft und von diesem in Amerika bei einem amerikanischen Versicherer versichert sind, dem deutschen Versicherungsstempel unterliegen. In der Praxis würde allerdings die Steuerpflicht nur dann durchgeführt werden können, wenn eine der an der Besteuerung beteiligten Personen (Versicherer oder Versicherungsnehmer) der Gebietshoheit des Deutschen Reiches untersteht. Gleichwohl würde es als mit der Absicht des Gesetzgebers nicht vereinbar anzusehen sein, wenn derselbe Transport der deutschen Steuerpflicht unterliegen sollte, wenn er bei einem deutschen Versicherer oder Vermittler gedeckt worden ist, und steuerfrei bleiben würde, wenn er im Auslande versichert wäre. Dies geht klar aus dem § 101 des Gesetzes hervor, der den Versicherungsnehmer in gleicher Weise zur Steuerpflicht heranzieht, wenn er im Auslande, wie wenn er im Inlande versichert. Der § 101 bezieht sich aber nur auf im Inlande wohnhafte Versicherungsnehmer. Es besteht nun keinerlei Grund, den Fall, wenn der Versicherungsnehmer außerhalb Deutschlands wohnt, für den Versicherer ungünstiger zu regeln als den im § 101 vorgesehenen. Schließlich ist noch darauf hinzuweisen, daß zur Zeit des Versicherungsabschlusses, z. B. bei Zeit-, Kasko- und Frachtversicherungen, die meist vom 1. Januar bis 31. Dezember laufen, sowie bei Güterversicherungen vielfach gar nicht festzustellen ist, ob sich die versicherten Gegenstände im Inlande befinden, so daß auch praktisch der Besteuerung solcher Transporte große Schwierigkeiten entgegenstehen würden.

(5a) Gemäß § 7 B.G.B. begründet, wer sich an einem Orte ständig niederläßt, an diesem Orte seinen Wohnsitz. Der Wohnsitz wird aufgehoben, wenn die Niederlassung mit dem Willen aufgehoben wird, sie aufzugeben.

Lebensversicherungen, die mit Personen abgeschlossen sind, die im Ausland ihren Wohnsitz oder dauernden Aufenthalt haben, unterliegen mithin der Stempelpflicht nicht. Der Aufenthalt im Ausland muß ein dauernder sein, ein vorübergehender Aufenthalt im Ausland z. B. während einer sich über mehrere Monate oder Jahresfrist erstreckenden Auslandsreise, macht die Versicherung nicht stempelfrei. Die Befreiung hört auf, wenn der Versicherungsnehmer seinen Wohnsitz in das Inland verlegt oder hier seinen dauernden Aufenthalt nimmt. Die vorübergehende Anwesenheit eines sonst im Ausland Ansässigen im Inland macht die Versicherung nicht stempelpflichtig. Ob die Zahlung der Prämie direkt vom Ausland aus erfolgt oder durch einen inländischen Bevollmächtigten des im Ausland ansässigen Versicherungsnehmers bleibt für die Stempelpflichtigkeit oder die Stempelfreiheit der Versicherung ohne Belang.

(6) Aus der Begründung ergibt sich, daß unter Feuerversicherung nur die Feuersachversicherung gemeint ist, da dort die Feuerversicherung als ein Teil der Sachschadenversicherung behandelt wird. Auch läßt sich aus der in der Begründung durchgeführten Gegenüberstellung von beweglichem und unbeweglichem Besitz erkennen, daß man nur die Versicherung von Sachen gegen Feuersgefahr treffen wollte. Wenn das Gesetz selbst auch von beweglichen und unbeweglichen Gegenständen spricht, so steht dies der eben vertretenen Auffassung nicht entgegen, da der Unterschied zwischen Sachen und Gegenständen (vgl. § 90 B.G.B.) in dem ohnehin wenig genau gefaßten Gesetz offenbar nicht beachtet ist. Hiernach sind Mietverlustversicherungen, Betriebsverlustversicherungen, Rübenentwertungs-, Zuckerpreisdifferenzversicherungen, desgleichen Aufräumungskostenversicherungen abgabenfrei. Was die Versicherungen von Vieh

gegen Feuersgefahr anlangt, so bestanden zunächst Zweifel darüber, ob sie als Feuerversicherung stempelpflichtig oder als Viehversicherungen stempelfrei seien. Es dürfte richtig sein, diese Versicherungen unter allen Umständen als abgabepflichtig zu behandeln, also auch dann, wenn sie seitens einer Viehversicherungsanstalt in Verbindung mit der allgemeinen Viehversicherung gewährt werden. Jedenfalls wäre eine verschiedene Behandlung beider Fälle nicht zu rechtfertigen.

(7) Jede dieser Versicherungen erfüllt für sich allein den Begriff der Feuerversicherung und ist daher stempelpflichtig. Wird aber eine Sache zugleich gegen Brand, Explosion und Blitzgefahr versichert, so ist das nur eine einzige Feuerversicherung, weshalb der Stempel nur einmal zu entrichten ist. Dasselbe muß gelten, wenn eine gegen Brand versicherte Sache nachträglich beim gleichen Versicherer noch gegen Explosionsgefahr versichert wird, da auch hier nur eine Erhöhung der übernommenen Gefahr, aber keine neue Feuerversicherung vorliegt. Was der Zusatz „und dergl." bedeutet, läßt sich nicht mit Sicherheit feststellen. Denn wenn die Begründung ausführt, durch die Worte „und dergleichen" solle sicher gestellt werden, daß Verträge, bei denen die Versicherung gegen Feuersgefahr den Hauptgegenstand bildet, auch insoweit erfaßt werden, als die Versicherung nicht gegen Brand, Explosions- oder Blitzgefahr genommen ist, so ist das nicht recht verständlich. Sollte damit gesagt werden, daß eine Feuerversicherung ihren Charakter nicht dadurch verliert, daß nebenbei andere Gefahren eingeschlossen werden, so wäre dies etwas Selbstverständliches. Eine Feuerversicherung, die nur andere Gefahren als Brand, Explosion oder Blitzschaden umfaßt, gibt es nicht.

(8) Durch die unterschiedliche Behandlung von beweglichen und unbeweglichen Gegenständen hat der Gesetzgeber die Praxis der Feuerversicherung vor eine schwierige, vielleicht sogar vor eine unlösbare Aufgabe gestellt. Denn damit wird der Praxis zugemutet, in tausenden von Einzelfällen die selbst in der Theorie noch bestrittene Frage zu beantworten, welche Gegenstände den beweglichen und welche den unbeweglichen zuzuzählen sind. Maßgebend sind die Bestimmungen der §§ 93 bis 95 B.G.B. (vergl. Begründung S. 29). Hiernach gehören zu den beweg-

lichen Gegenständen die mit dem Grund und Boden festverbundenen Sachen, insbesondere Gebäude, einschließlich der zur Herstellung der Gebäude eingefügten Sachen, ferner Erzeugnisse des Grundstücks, solange sie mit dem Boden zusammenhängen, vor allem also Wälder. Zu den wesentlichen Bestandteilen eines Gebäudes und damit zu den unbeweglichen Sachen zählen aber auch solche, die zwar nicht zur Herstellung des Gebäudes eingefügt sind, die aber doch mit ihm festverbunden sind und nicht getrennt werden können, ohne daß das Gebäude oder die verbundene Sache zerstört oder in ihrem Wesen verändert wird. Schwierigkeiten für die Feuerversicherung wird vor allem die letztgenannte Art von Sachen bereiten. Besonders bei den Maschinen und sonstigen Einrichtungen wird es oft zweifelhaft sein, ob sie mit dem Gebäude fest verbunden sind und tatsächlich oder wirtschaftlich nicht von ihm getrennt werden können, ohne daß das Gebäude oder die Einrichtung zerstört oder wesentlich verändert wird. Der Versicherer könnte das nur auf Grund einer genauen Ermittlung aller Verhältnisse und nach einer Ortsbesichtigung feststellen, was naturgemäß eine nicht durchführbare Verteuerung der Versicherungsnahme bedeuten würde. Daher wird die Praxis wohl dahin gelangen, die Feststellung dem Versicherungsnehmer zu überlassen und diesen im Antrage zu fragen, ob und bis zu welchem Werte unter den versicherten Maschinen und Betriebseinrichtungen solche sind, die mit dem Grund und Boden festverbunden oder in die Fabrikgebäude zum Zwecke des Fabrikbetriebes eingefügt sind. Durch eine entsprechende Bemerkung im Antrag und im Versicherungsschein muß dafür gesorgt werden, daß die Ausscheidung dem Versicherungsnehmer im Versicherungsfall keinen Nachteil bringen kann, d. h. es muß Kompensation zwischen den beiden Unterpositionen vereinbart werden.

Diese stempelsteuerliche Behandlung hat nicht etwa die Folge, daß die wesentlichen Bestandteile in Ansehung der Versicherung nach jeder Richtung hin als unbewegliche Sachen erachtet werden müssen. Vielmehr können Fabrikeinrichtungen, Maschinen und dergl. wie bisher je nach dem Gesamtinhalt des Versicherungsvertrags auch als bewegliche Sachen behandelt werden, was namentlich den Hypothekgläubigern gegenüber von einschneidender

Bedeutung ist. (Vgl. Reichsgerichts-Entsch. Band 19 der neuen Folge S. 318 ff).

(9) Bei Versicherungen, deren Dauer — maßgebend ist nur der Zeitraum, auf den sich die jeweilige Prämienzahlung bezieht — ein Jahr übersteigt, gilt jeder Bruchteil des zweiten oder ferneren Jahres als volles Jahr, so daß z. B. bei einer Prämienzahlung für 13 Monate die Gebühr für 2 volle Jahre zu entrichten ist. Wird dagegen die Prämienzahlung getrennt in eine solche von 1 Monat und eine weitere von 1 Jahr, so beträgt die Gebühr nur $1\frac{1}{10}$ der vollen Jahresgebühr. Hier hat der Gesetzgeber offenbar auf die Praxis zu wenig Rücksicht genommen. Aehnlichen Klagen, die beispielsweise gegenüber der früheren Fassung des bayerischen Gebührengesetzes geltend gemacht worden waren, war schon durch die bayerische Novelle vom 26. Mai 1892 Rechnung getragen worden. (Pfaff-Reisenegger, bayerisches Gebührengesetz, Art. 270 Anm. 1). Umsoweniger hätte man den gleichen Fehler wieder erwartet.

Die Gebühr beträgt für jedes angefangene Jahr 15 Pfg. für je 1000 Mk. der Versicherungssumme oder einen Bruchteil dieses Betrages, wobei die Schlußsumme — nicht etwa der jährliche Stempelbetrag — derart nach oben abzurunden ist, daß sie durch 10 teilbar ist. Die Mindestgebühr für ganzjährige Mobiliarversicherungen beträgt hiernach 20 Pfennig.

(10) Beträgt der Zeitraum, für welchen eine Prämie entrichtet wird, weniger als 1 Jahr, so werden für jeden angefangenen Monat $1\frac{1}{2}$ Pfg. für je 1000 Mk. oder einen Bruchteil dieses Betrages berechnet, in diesem Fall ist die Aufrundung der Schlußsumme auf eine durch 5 teilbare Zahl vorzunehmen. Die Mindestgebühr beträgt hier 5 Pfg. Bei Versicherungen über 10 Monate würde die Gebühr bei der Berechnung nach 1 b den für eine einjährige Versicherung nach 1 a zu erhebenden Stempelbetrag übersteigen. Es ist anzunehmen, daß in diesem Falle die Berechnung nach 1 a zulässig ist, da kein Grund dafür ersichtlich ist, warum für eine 11monatige Versicherung mehr entrichtet werden sollte, als für eine 12monatige.

(11) Hier gilt das zu 1 a und b Gesagte mit der Maßgabe, daß der Stempel 5 Pf. für je Mk. 1000.— bezw. bei

unterjährigen Versicherungen 5 Pf. für je Mk. 10000.— beträgt und daß auch bei ganzjährigen Versicherungen die Schlußsumme nur auf eine durch 5 teilbare Zahl aufzurunden ist. Die Folge davon ist, daß die Mindestgebühr 5 Pf. beträgt. Bruchteile von 1000 bezw. 10000 Mk. werden auch hier wie volle 1000 bezw. 10000 Mk. behandelt.

(11a) Wie erwähnt, ist da, wo das Gesetz bei Feuerversicherungen von deren Dauer spricht, der Zeitraum maßgebend, auf den sich die Zahlung der Prämie bezieht; denn hiernach ist die Abgabe zu berechnen. Bei anderer Auslegung würde jemand, der noch für 3 Monate Prämie zu zahlen hat, für die gleiche Versicherung aber schon eine Jahresprämie entrichtete, eine höhere Abgabe schulden, als wenn er die Versicherung aufheben ließe und eine neue für 3 Monate abschlösse. Ein solches Ergebnis kann vom Gesetz nicht gewollt sein und wird durch dessen Wortlaut auch nicht bedingt. Für die hier vertretene Auslegung spricht auch § 100 des Gesetzes.

Bei Vorauszahlung der Prämie für mehrere Jahre ist für die Stempelberechnung die Zeit bestimmend, für die der Versicherer die Versicherung gegen die gezahlte Prämie übernimmt, also einschließlich etwaiger Freijahre. (Begründung S. 30 und 31).

Wird bei mehrjährigen Versicherungen mit jährlicher Prämienzahlung ein Freijahr gewährt, so ist der Stempel für den prämienfreien Zeitraum erst mit der Zahlung des letzten Teilbetrages der Prämie zu erheben, da erst in diesem Zeitpunkt die Voraussetzung für die Prämienfreiheit erfüllt ist.

Die Abgabe bemißt sich nur nach der Versicherungssumme ohne Rücksicht darauf, welchen Wert die Gegenstände wirklich haben.

Weder im Gesetze noch in den Ausführungsbestimmungen ist die Frage geregelt, wie die Übernahme von Nachversicherungen zu behandeln ist. Wenn z. B. eine Versicherung in Höhe von Mk. 5300.— besteht, so ist die Abgabe schon für Mk. 6000.— entrichtet. Wird während des Versicherungsjahres eine Nachversicherung in Höhe von Mk. 700.— genommen, so entsteht die Frage, ob hierfür neuerdings eine Abgabe erhoben werden muß. Der Billigkeit entspricht das nicht. Die bisherigen einzelstaatlichen Bestimmungen gingen in diesem Punkte auseinander, bieten also keinen Anhaltspunkt. Man wird versuchen müssen, der milderen, mit dem Gesetz nicht unvereinbaren Praxis zur Anerkennung zu verhelfen.

In den Registern ist auf die schon entrichtete Abgabe hinzuweisen (s. Erläuterungen zu § 99).

(12) Nur die Einbruchdiebstahlversicherung als solche ist stempelpflichtig, nicht auch die Beraubungsversicherung, die nur zufällig meistens in Verbindung mit jener abgeschlossen wird, an sich aber eine selbständige Versicherungsart bildet, die auch getrennt von der Einbruchdiebstahlversicherung betrieben werden könnte. Werden in einem Versicherungsschein beide dokumentiert, so ist die Abgabe nur aus der Prämie für das Einbruchdiebstahlrisiko zu berechnen.

Würde dagegen ausnahmsweise die Einbruchdiebstahlversicherung ausgedehnt auf die Gefahr des einfachen Diebstahls, so dürfte die Abgabepflicht in vollem Umfange gegeben sein.

Die Abgabe ist stets von der wirklich bezahlten Prämie zu entrichten, bei Vorauszahlungen also von der Eskomptprämie.

Da die Abgabe hier ohnedies in Abstufungen von 10 Pf. für eine Mark Prämie oder einen Bruchteil dieses Betrages erhoben wird, kommt eine Aufrundung nicht in Frage.

(13) Das Gesetz zieht die Transportversicherung mit alleiniger Ausnahme der Valorenversicherung zur Stempelsteuer heran. Es folgt hierbei hinsichtlich der Seeversicherung den bisherigen Steuerordnungen der drei Hansestädte. Außer der Seeversicherung erklärt es aber auch die Binnentransportversicherung, die bisher in den Hansestädten stempelfrei war, als stempelpflichtig.

Einer weit geringeren Stempelsteuer als in den Hansestädten unterlag die Transportversicherung bis jetzt in Elsaß-Lothringen, Sachsen-Koburg-Gotha und Württemberg. In dem zuletzt erwähnten Bundesstaat war nur ein Zweig der Transportversicherung, nämlich die Automobilversicherung, stempelpflichtig. In allen übrigen Bundesstaaten bestand bisher keine Stempelpflicht für die Transportversicherung.

(14) Zur Kasko-Versicherung gehört

a. die See- und Flußversicherung. Hierunter fällt die Versicherung des Körpers von Schiffen und anderen schwimmenden Gegenständen (Baggermaschinen, Schwimmdocks, Schwimmkränen, Prähmen u. dergl.) und aller mit denselben verbundenen Teile und Einrichtungen, insbesondere der Maschinen, sowie bei Motorschiffen der Motoren, nebst Zubehör, des Kajütsinventars, der Einrichtungen für drahtlose Telegraphie und Unterwasserschallsignale, der Feuerlöschapparate, Reserveteile, Schiffskränen usw. Ferner wird man hierher auch die Verbrauchsgegenstände: Kohlen, Maschinenöl, Proviant für die Schiffsbesatzung und Reisenden, rechnen können, vorausgesetzt, daß sie zusammen mit dem Schiffskörper durch eine Versicherung gedeckt werden. Werden sie dagegen besonders versichert, so werden sie, ebenso wie das Inventar der Schiffsbesatzung, als unter C, 2 fallend anzusehen sein.

b. Landversicherung. Hierher gehört insbesondere die Auto-Kasko-Versicherung, d. h. die Versicherung von Automobilen gegen Transportschäden, ferner die Versicherung von Eisenbahnwaggons, Straßenbahnwagen, Patentmöbelwagen und anderen Beförderungsmitteln.

c. Luftversicherung. Hierher gehört die Versicherung des Körpers von Luftschiffen und Flugfahrzeugen nebst Motoren und Zubehör.

(15) Darunter ist die Versicherung von Neubauten (Schiffen, Baggermaschinen, Schwimmdocks, Luftschiffen usw.) zu verstehen, solange sie sich im Risiko der Werft befinden. Hierher gehören also besonders das Feuerrisiko und die sonstigen Risiken während des Aufenthalts auf den Helgen, der Stapellauf und die Probefahrt bis zur Ablieferung an den Besteller.

(16) Hierher gehören insbesondere folgende Zweige der Transportversicherung: Versicherung von Gütern, Fracht, Reederei-Interessen, Bodmerei- und Havereigeldern, Inventar der Schiffsbesatzung, Reiseeffekten usw.

(17) Das der Befreiungsvorschrift in Klammern beigefügte Wort: „Valorenversicherung“ bedeutet nach dem Sprachgebrauch

der neueren Gesetzgebung, insbesondere des Bürgerlichen Gesetzbuchs, daß der Text der Befreiungsvorschrift: „Transportversicherungen, welche Münzen, Edelmetalle oder Wertpapiere betreffen“, den Begriff der Valorenversicherung wiedergeben soll. Diese Begriffsbestimmung ist aber unvollständig, da sie die Versicherung von Edelsteinen und Perlen nicht mit erwähnt. Gleichwohl fallen diese Gegenstände nach der allgemeinen Auffassung unzweifelhaft unter die Valorenversicherung. In der Praxis wäre es auch zum Teil vollständig unmöglich, die Versicherung von Edelsteinen und Perlen von den übrigen Zweigen der Valorenversicherung zu trennen. Denn es gibt in der Praxis Pauschalpolizen, durch die alle Sendungen von Juwelieren bis zu einem bestimmten Maximum pro Tag ohne besondere Deklaration versichert sind.

Es muß daher angenommen werden, daß auch die Transportversicherung von Edelsteinen und Perlen von der Stempelsteuer befreit ist. Es mag sein, daß die Verfasser des Gesetzes, von dem Gedanken ausgehend, daß die Stempelsteuer den Besitz treffen soll, den besonders kostbaren Besitz von Edelsteinen und Perlen nicht verschonen wollten und daher absichtlich die Worte Edelsteine und Perlen fortgelassen haben. Diese Absicht hätte dann aber im Gesetz selbst klar zum Ausdruck kommen müssen; insbesondere hätte das Wort „Valorenversicherung“, das die Versicherung von Edelsteinen und Perlen mitumfaßt, nicht hinter die Befreiungsvorschrift gesetzt werden dürfen. Zudem sind auch die Edelsteine und Perlen für den Juwelier, der sie meist unter Transportversicherung bringt, kein fester Besitz, sondern, genau wie die unter die Befreiungsvorschrift fallenden Edelmetalle, Handelsartikel, die von ihm umgesetzt werden.

Zu der Valorenversicherung müssen ferner die Versicherungen der Reiselager und Musterkoffer von Edelmetallen und Edelsteinen gerechnet werden, wie sie namentlich von Reisenden Pforzheimer Fabriken mitgeführt werden. Schließlich wird hierher auch die vor kurzem eingeführte Versicherung von Juwelen und Wertsachen zu zählen sein, die sich im Gebrauch befinden, d. h. von dem Besitzer getragen werden. Das Kaiserliche Aufsichtsamt für Privatversicherung hat vor kurzem entschieden, daß diese Versicherungen als Transportversicherungen anzusehen sind. Sie würden übrigens infolge der Befreiungsvorschrift Ziffer 9 der Stempelpflicht auch dann nicht unterliegen, wenn sie nicht als zur Transportversicherung gehörig, sondern als ein besonderer Versicherungszweig gelten würden.

(18) Die Begriffsumgrenzung der Lebensversicherung schließt sich der Vorschrift des § 6 des Gesetzes über die privaten Versicherungsunternehmungen vom 12. Mai 1901 an. (Begründung S. 30). Diese Vorschrift lautet: „Als Lebensversicherung im Sinne dieses Gesetzes gilt auch die Invaliditäts-, Witwen-, Waisen-, Aussteuer- und Militärdienstversicherung, gleichviel ob auf Kapital oder Rente.“ Der Begriff der Lebensversicherung ist mithin im weitesten Sinne zu nehmen. Der Umstand, daß in eine Lebensversicherung auch das Krankheitsrisiko eingeschlossen ist, macht die Lebensversicherung nicht stempelfrei.

(19) Die Abgabe ist nicht wie in den einzelstaatlichen Steuergesetzen nach der Versicherungssumme bemessen, sondern nach der Prämie, weil der wirtschaftliche Wert des versicherten Vermögensobjektes nicht so sehr in der Versicherungssumme, als vielmehr in der Prämie zum Ausdruck kommt, indem nur diese neben der Höhe der Versicherungssumme berücksichtigt, zu welchem Zeitpunkt voraussichtlich der Vermögenswert realisiert werden wird. (Begründung S. 30). Der Stempelbetrag wird in Abstufungen von 5 Pfg. für je 10 Mk. Barprämie oder einen Bruchteil dieses Betrages erhoben. Bei Berechnung der Abgabe sind die Pfennigbeträge der Steuerschlußsumme so abzurunden, daß sie durch 5 teilbar sind. Beispiel: Die Barprämie belaufe sich auf 33 Mk. Für je 10 Mk. sind 5 Pfg. zu zahlen, für je 30 Mk. also 15 Pfg. Für die angefangenen weiteren 10 Mk. Barprämie sind ebenfalls 5 Pfg. zu entrichten. Der Stempel beläuft sich also auf 20 Pfg. (vgl. hierzu die tabellarische Uebersicht der für Barprämien von bestimmter Höhe zu entrichtenden Stempelabgabe auf S. 132).

Der Entwurf sah einen Reichsstempel von 1 % der Barprämie vor. In den Verhandlungen der Kommission für den Reichshaushaltsetat wurde dieser Satz für zu hoch erachtet. Den Stempel nach der Tarifprämie zu berechnen, wurde abgelehnt, da sich bei dieser Berechnung ein starkes Mißverhältnis zwischen der Höhe der vom Versicherten wirklich gezahlten Prämie und dem Stempel ergeben hätte (Komm. Bericht S. 9).

Die Bezeichnung **Barprämie** soll zum Ausdruck bringen, daß, soweit Dividenden dem Versicherungsnehmer zufließen und zur Ermäßigung der Prämienzahlung verwendet werden, die um diesen Betrag geminderte Tarifprämie als Besteuerungsgrundlage dienen soll. (Begründung S. 30). Es ist also von der Tarifprämie die Versichertendividende in Abzug zu bringen. Erst von der Restprämie wird der Reichsstempel erhoben. Lediglich die dem Versicherten etwa zufließenden Dividenden sind in der Begründung ausdrücklich erwähnt. Von sonstigen besonderen Vergünstigungen, wie sie hier und dort dem Versicherungsnehmer bei der Prämienzahlung eingeräumt werden, z. B. Prämienrabatten, Nachlaß der Aufschläge für ratenweise Zahlung und dergl. spricht der Gesetzgeber nicht, weil nur hinsichtlich der Dividende mit Zweifeln zu rechnen war, während die zuletzt erwähnten Nachlässe ohne weiteres als abzugsfähig erachtet werden müssen, soll doch die Abgabe den Prämienbetrag treffen, der wirklich gezahlt wurde. Bei unterjähriger Prämienzahlung (halbjährlich, vierteljährlich, monatlich) ist als Tarifprämie die jeweilig fällig werdende Prämienrate, vermindert um die Versichertendividende, zu betrachten. Bei solcher Zahlungsweise der Besteuerung die niedrigere Jahresprämie zu Grunde zu legen, geht nicht an, denn der Stempel ist von der wirklich gezahlten Prämie zu entrichten. Zutreffend ist allerdings, daß der Stempel bei unterjähriger Prämienzahlung, wenn man die tarifmäßige Jahresprämie zu Grunde legt, über $^1/_2$ $^0/_0$ dieser Prämie meist hinausgeht.

(20) Alle Rentenversicherungen mit einmaliger Kapitaleinzahlung, bei denen diese Einzahlung vor dem 1. April 1913 geleistet worden ist, haben einen Reichsstempel nicht mehr zu tragen (vgl. hierzu auch die Bemerkungen zu § 106), denn für sie werden Prämienzahlungen nicht mehr geleistet.

(21) Persönliche Befreiungsgründe, wie sie bisher in vielen einzelstaatlichen Gesetzen anerkannt waren, sind nicht zugelassen. Auch das Reich und die Bundesstaaten, ferner die Bundesfürsten, die Mitglieder fremder Gesellschaften sind abgabepflichtig (§ 121). Mit den Regeln des Staats- und Völkerrechts ist dies insofern

vereinbar, als die dort vorgesehenen Befreiungen von der Abgabepflicht nur solche Steuern umfassen, die einen persönlichen Charakter tragen (vgl. Ullmann, Völkerrecht § 31 und 40 e).

(22) Befreit sind alle Rückversicherungen, also auch Rückversicherungen in denjenigen Versicherungszweigen, in denen die Direktversicherungen der Reichsabgabe unterliegen, z. B. Feuerrückversicherungen, Lebensrückversicherungen usw. Ob es sich um die regelmäßige obligatorische Rückversicherung handelt oder um die sogenannte fakultative, macht keinen Unterschied.

(23) **a. Feuer-V.** Versicherungen mit einer Versicherungssumme bis zu 3000 Mk. einschließlich. Insoweit gewinnt auch bei Einbruchdiebstahl- und Glasversicherungen die Versicherungssumme Einfluß auf die Frage der Stempelpflicht. Wird eine Versicherung bei mehreren Versicherern abgeschlossen, so ist jede als selbständige Versicherung zu erachten, so daß die Stempelbefreiung Platz greift, wenn die bei einem einzelnen Versicherer geschlossene Versicherung den Betrag von 3000 Mark nicht übersteigt.

Umgekehrt werden mehrere Versicherungen gleicher Art, die von demselben Versicherungsnehmer bei demselben Versicherer geschlossen sind, insoferne als eine einzige behandelt, als die Befreiung nur eintritt, wenn deren Beträge zusammen die Summe von 3000 Mk. nicht übersteigen.

b. Lebens-V. Die Befreiung erfolgt zwecks Schonung weniger bemittelter Versicherungsnehmer (Begründung S. 29). Versicherungen, die auf eine Versicherungssumme von 3000 Mk. lauten, sind noch steuerfrei. Die Stempelpflicht beginnt erst mit einem Betrag, der 3000 Mk. irgendwie überschreitet. Diese Grenze wurde von der Kommission für den Reichshaushaltsetat in den Beratungen über den Entwurf gezogen. Letzterer sah für die Immobiliarfeuerversicherung eine Grenze von 3000 Mark, für die Lebensversicherung dagegen eine Grenze von 2000 Mk. und bei allen übrigen steuerpflichtigen Versicherungen eine Grenze von 1000 Mk. vor. Begründet wurde diese Erweiterung der Befreiungsgrenze in der Kommission damit, daß die minderbemittelten Klassen hierdurch steuerfrei würden. (Kommissionsbericht S. 7.) Wird zu einer Lebensversicherung von 3000 Mk.

bei demselben Versicherer für dieselbe Person eine weitere Lebensversicherung genommen, so ist diese zweite Versicherung von der ersten Prämienzahlung an steuerpflichtig. Die Steuerpflicht wirkt aber nicht auf die erste Lebensversicherung in der Weise zurück, daß nun auch für sie vom 1. Oktober 1913 an der Reichsstempel nachzuentrichten wäre. Die Stempelpflicht beginnt vielmehr für die erste Versicherung, sobald auf sie nach Abschluß der zweiten Versicherung eine Prämienzahlung erfolgt. Die Befreiung der Versicherungen bis zu 3000 Mk. ist anderseits nicht so zu verstehen, daß Lebensversicherungen über höhere Beträge als 3000 Mk. für die ersten 3000 Mk. versicherungsfrei bleiben z. B. eine Versicherung über 10000 Mk. nur für die dem Betrage von 7000 Mk. entsprechende Prämie zu versteuern wäre. Alle Lebensversicherungen über 3000 Mk. sind in vollem Betrage steuerpflichtig.

Wird die Lebensversicherung derart abgeschlossen, daß neben einem bestimmten Kapital gleichzeitig eine Rente versichert wird, so ist zwecks Feststellung der Befreiungsgrenze der Kaufpreis der Rente bezw. das Zehnfache derselben der Kapitalversicherungssumme zuzuzählen. Die Versicherung ist hierbei als die Zusammenfassung zweier Versicherungen zu betrachten. Daß über die Kapitalversicherungssumme hinaus ein Mehrwert in der Versicherung enthalten ist, gelangt in der höheren Prämie zum Ausdruck. Dieser Fall wird bei Lebensversicherungen, in die gegen erhöhte Prämie eine Invaliditätsversicherung eingeschlossen ist, häufig praktisch werden. Die mit der Lebensversicherung verbundene Nebenversicherung muß natürlich unter den Begriff der Lebensversicherung fallen, wenn sie bei der Feststellung der 3000 Mark-Grenze berücksichtigt werden soll. Eine mit der Lebensversicherung etwa verbundene Unfall- oder Haftpflichtversicherung bleibt unberücksichtigt, da diese Versicherungsarten stempelfrei sind.

(24) Ist die Rentenversicherung mit einmaliger Kapitaleinzahlung abgeschlossen, so ist der Kaufpreis ohne weiteres gegeben. Erfolgt eine laufende Prämienzahlung zwecks Sicherung einer späteren Rente von bestimmter Höhe, so gilt der zehnfache Betrag dieser Rente als Versicherungssumme. Ist aber die Rentenversicherung in der Weise abgeschlossen, daß der Versicherungsnehmer laufende Prämien bis zu einem von seinem freien

Ermessen abhängigen Zeitpunkt, also beliebig lange, entrichtet und sich vorbehält, dann oder auch zu einem späteren Zeitpunkt die ihm auf Grund seiner Einzahlungen zustehende Rente zu verlangen, so ist weder der Kaufpreis noch das Zehnfache der Rente ohne weiteres anzugeben. Es wird in diesem Fall eingehender versicherungstechnischer Überlegungen z. B. Berücksichtigung der Höhe der Einzahlungen, des Alters des Versicherten usw. bedürfen, wenn der Versicherer Klarheit darüber gewinnen will, ob die betreffende Rentenversicherung die 3000 Mark-Grenze überschreitet oder nicht.

(25) **a. Feuer-V.** Versicherungen gleicher Art liegen vor, soweit es sich

a. um Feuerversicherungen beweglicher Gegenstände,
b. um Feuerversicherungen unbeweglicher Gegenstände,
c. um Einbruchdiebstahlversicherungen,
d. um Glasversicherungen

je unter sich handelt. Hiernach sind beispielsweise als gleichartig zu behandeln: Versicherungen von häuslichem Mobiliar und Waren; die Versicherung eines Fabrikgebäudes und eines Landhauses; die Versicherung des häuslichen Mobiliars und der im Fabrikkontor aufbewahrten Wertpapiere gegen Einbruchdiebstahl.

Ob die mehreren Versicherungen durch den gleichen Abschlußbevollmächtigten oder durch mehrere Abschlußbevollmächtigte des gleichen Versicherers dokumentiert sind, ist für die Frage der Befreiung gleichgiltig.

Hiernach wird den Gesellschaften eine im üblichen Geschäftsbetriebe durchführbare Kontrolle darüber obliegen, ob ein Versicherungsnehmer bei ihnen nicht schon eine Versicherung abgeschlossen hat.

Maßgebend für die Frage der Stempelpflicht ist die Zeit der Prämienzahlung. Wenn beispielsweise eine stempelfreie Versicherung in Höhe von Mk. 2000 besteht und eine weitere in Höhe von Mk. 1500 geschlossen wird, so ist zunächst nur für diese der Stempel zu entrichten. Erst wenn später für die erste eine Prämie fällig wird, ist auch für jene Versicherung entsprechend der Dauer, für welche die Prämie bezahlt wird, der Stempel zu berechnen, vorausgesetzt, daß zur Zeit der Prämienfälligkeit die zweite Versicherung noch besteht.

b. **Transport-V.** Als Versicherungen gleicher Art sind bei der Transportversicherung die Kasko- und Baurisiken-Versicherungen einerseits und sonstige Transportversicherungen anderseits anzusehen. Der Schluß von Abs. 2, wonach die Befreiung nur eintritt, wenn die Beträge mehrerer von demselben Versicherer für dieselbe Person geschlossenen Versicherungsverträge zusammen die Summe von M. 3000 nicht übersteigen, paßt nicht für die Transportversicherung. Eine Transportversicherung besteht nur solange, wie der versicherte Transport, der vielfach in wenigen Tagen beendet ist, unterwegs ist. Da nun z. B. bei einer laufenden Warenversicherung die Güter für alle möglichen Reisen versichert werden, von denen einige nur einen Tag, andere aber mehrere Monate dauern, auch der Zeitpunkt der Beendigung des Transports gar nicht oder erst nach Monaten festgestellt werden kann, so läßt sich häufig nicht ermitteln, ob im gegebenen Augenblick die mit einem Versicherungsnehmer abgeschlossenen Versicherungen den Betrag von Mk. 3000.— übersteigen oder nicht. Nach den bei Verhandlungen mit Vertretern des Reichsschatzamts abgegebenen Erklärungen muß die Bestimmung für die Transportversicherung so ausgelegt werden, daß die Befreiung dann eintritt, wenn innerhalb der in den Ausführungsbestimmungen (§§ 195 und 200) vorgesehenen Abrechnungsperiode (1 Monat oder ein Vierteljahr) von einem Versicherungsnehmer weniger als Mk. 3000.— zusammen versichert worden sind.

c. **Lebens-V.** Als Versicherungen gleicher Art gelten alle Versicherungen, die unter den Begriff der Lebensversicherung nach § 6 des Versicherungsaufsichtsgesetzes fallen. Es wird also nicht unterschieden zwischen Kapital- und Rentenversicherungen oder zwischen Todesfall- und Erlebensfallversicherungen und hier wieder zwischen Aussteuer-, Militärdienst- usw. Versicherungen. Ist ein Versicherungsnehmer bei einem Versicherer eine Lebensversicherung, gleichviel welchen Inhalts, eingegangen und schließt er später für sich bei dem gleichen Versicherer eine zweite Lebensversicherung, gleichviel ob desselben oder anderen Inhalts ab, so werden zwecks Feststellung der Stempelpflicht beide Versicherungssummen zusammengerechnet.

(26) Die Lebensversicherungen müssen bei demselben Ver-

sicherer abgeschlossen sein. Schließt ein Versicherungsnehmer einen Lebensversicherungsvertrag bis zu 3000 Mk. bei der Gesellschaft A und einen zweiten, ebenfalls die Grenze von 3000 Mk. nicht überschreitenden, bei der Gesellschaft B, so ist keiner der beiden Versicherungsverträge stempelpflichtig. Dem Versicherer kann nicht zugemutet werden, daß er über die Versicherungen, die der Versicherungsnehmer bei einer anderen Versicherungsgesellschaft abgeschlossen hat oder später abschließt, unterrichtet ist. Das Gesetz legt dem Versicherer auch keinerlei Verpflichtung auf, den Versicherungsnehmer hierüber zu befragen. Infolgedessen kann, wenn ein Versicherungsnehmer in der geschilderten Art vorgeht, der Versicherer nicht auf Grund des § 103 wegen Nichterfüllung der Stempelpflicht oder auf Grund des § 111 wegen Zuwiderhandlung gegen die Vorschriften dieses Gesetzes bestraft werden. In der Praxis wird der Versicherungsnehmer zur Verteilung einer größeren Reihe von Lebensversicherungen auf mehrere Versicherer in der Absicht, hierdurch den Stempel zu sparen, wegen der ihm durch die Inanspruchnahme mehrerer Gesellschaften erwachsenden höheren Kosten kaum schreiten.

(27) § 843 RVO. hat folgenden Wortlaut:

Die Genossenschaften können einrichten

1. eine Versicherung gegen Haftpflicht für die Unternehmer und die ihnen in der Haftpflicht gleichstehenden;
2. Rentenzuschuß- und Ruhegeldkassen für Betriebsbeamte, Mitglieder der Genossenschaft, Versicherte, Genossenschaftsbeamte sowie für die Angehörigen dieser Personen;
3. die Beschaffung von Arbeitsgelegenheit für Unfallverletzte.

Da die Unfall- und Haftpflichtversicherung und die Arbeitslosen- und Stellenlosigkeitsversicherung von der Reichssteuer nicht getroffen werden, kommt nur § 843 Ziffer 2 in Frage, d. h. etwaige Lebensversicherungen über 3000 Mk., die bei Rentenzuschuß- und Ruhegeldkassen der Berufsgenossenschaften genommen werden, sind dem Reichsstempel unterworfen.

(28) Diese Versicherungen sind wegen ihres inneren Zusammenhanges mit der Sozialversicherung allgemein von der Besteuerung ausgenommen (Begründung S. 29).

(29) Unter Krankenversicherung ist nur die besondere Versicherung gegen Krankheitsfälle, nicht auch eine Lebensversicherung zu verstehen, in der eine Sorge für den Krankheitsfall mitenthalten ist (Begründung S. 31).

(30) Die Befreiung erfolgt in Übereinstimmung mit einzelstaatlichen Gesetzen (Begründung S. 29).

(31) Der Entwurf sah eine Besteuerung auch der Unfall- und Haftpflichtversicherungen vor und zwar mit 1 % der Barprämie in Abstufungen von 10 Pfg. für je 10 Mk. oder einen Bruchteil dieses Betrages. Der Kommission für den Reichshaushaltsetat lag in erster Lesung ein Antrag vor, die Unfall- und Haftpflichtversicherung von der Stempelpflicht zu befreien. Diesem Antrag wurde stattgegeben, nachdem ein Abgeordneter auf die damit zu erzielende Gleichstellung von Industrie und Landwirtschaft verwiesen hatte, für welch letztere der Entwurf die Steuerfreiheit der Vieh- und Hagelversicherung vorgesehen habe (Komm.-Bericht S. 8). Darnach stellt sich die Befreiung der Unfall- und Haftpflichtversicherung als ein Entgegenkommen der Industrie gegenüber dar, durch das die Begünstigung der Landwirtschaft ausgeglichen werden sollte, die in der Befreiung der Hagel- und Viehversicherung liegt. Die Unfall- und Haftpflichtversicherung ist vom 1. Oktober 1913 ab nicht nur von der Reichsstempelsteuer befreit, sondern unterliegt auch, da diese alle Landesstempel beseitigt, in denjenigen Bundesstaaten einer Stempelabgabe nicht mehr, in der bisher eine solche erhoben wurde.

(32) Hierzu gehören beispielsweise die Wasserleitungsschädenversicherung, die Sturmschädenversicherung, die Maschinenversicherung, die Kautionsversicherung, die Kursverlustversicherung, die Kreditversicherung, die Hypothekenversicherung, die Mietverlustversicherung, die Betriebsstillstandversicherung und dergl. Für alle diese Versicherungen sah der Entwurf eine Reichsabgabe von ½ % der Barprämie in Abstufungen von 5 Pfg. für je 10 Mk. oder einen Bruchteil dieses Betrages vor.

(33) Unter Schlußsumme ist die Gesamtheit der einzelnen Stempelsteuerbeträge aus Anlaß von Prämienzahlungen zu verstehen, die für eine einzige Versicherung gezahlt und in derselben Beurkundung enthalten sind (Begründung S. 36).

(34) Darnach sind ausländische Werte wie folgt anzusetzen:

1 Pfund Sterling	=	Mk.	20.40
1 Frank, Lira, Peseta (Gold), Liëu, finnische Mark	=	„	0.80
1 österreichischer Gulden (Gold)	=	„	2.00
1 österreichischer Gulden (Währung)	=	„	1.70
1 österreichisch-ungarische Krone	=	„	0.85
1 Gulden holländischer Währung	=	„	1.70
1 skandinavische Krone	=	„	1.125
1 alter Goldrubel	=	„	3.20
1 Rubel 1 alter Kreditrubel	=	„	2.16
1 türkischer Piaster	=	„	0.18
1 Peso (Gold)	=	„	4.00
1 Dollar	=	„	4.20
1 alter japanischer Goldyen	=	„	4.20
1 japanischer Yen	=	„	2.10
1 deutsch-ostafrikanische oder indische Rupie	=	„	1.35
1 mexikanischer Golddollar	=	„	2.10

B. Gesetz.

§ 97.

Über Zahlungen, die als Entgelt für die Übernahme einer Versicherung der in Tarifnummer 12 bezeichneten Art geleistet werden, ist nach näherer Bestimmung des Bundesrats (1) eine Aufstellung (2) anzufertigen und vorzulegen, (3) die außer dem Zahlungsbetrage (4) den Gegenstand (5) und die Art der Versicherung, (6) die Nummer des Versicherungsscheins (Police), die Versicherungssumme und, soweit es zur Berechnung der Abgabe erforderlich ist, den Zeitraum angeben muß, für welchen die Zahlung geleistet wird. (7) Die Steuerpflicht tritt mit der Zahlung des Entgelts (8) unabhängig davon ein, ob die Aufstellung angefertigt wird.

Die Verpflichtung zur Anfertigung und Vorlegung der Aufstellung liegt dem Versicherer ob. (9)

Ist ein anderer ermächtigt, für den Versicherer Zahlungen entgegenzunehmen, so liegt auch ihm die Verpflichtung zur Ausstellung und Vorlegung solcher Schriftstücke ob. (10) Wird von einem von beiden die Aufstellung angefertigt und vorgelegt, so ist der andere von der Verpflichtung befreit.

(1) enthalten in den §§ 194—208 der Ausführungsbestimmungen vom 15. September 1913, abgedruckt im Zentralblatt für das Deutsche Reich Nr. 45.

(2) Durch die Pflicht zur Anfertigung und Vorlegung von Aufstellungen soll die Grundlage für die Versteuerung geschaffen werden. Sie liegt dem Versicherer ob. Soweit dieser die Zahlung des Entgelts durch Bevollmächtigte irgendwelcher Art, Generalagenten, Agenten usw. entgegennehmen läßt, obliegt sie den letzteren. Doch soll damit die Aufstellungspflicht nicht untrennbar mit der Person des Zahlungsempfängers verbunden sein. Vielmehr läßt § 97, Absatz 3, Satz 2 zu, daß auch bei Zahlungsannahme durch einen Bevollmächtigten der Versicherer selbst die Aufstellung anfertigt, wie dies nach dem Geschäftsgebaren vielfach zweckmäßig sein wird (Begründung S. 31).

Nach den Ausführungsbestimmungen sind als Aufstellungen zugelassen:

a. Das Versicherungsstempelbuch. (Muster 34 der Ausführungsbestimmungen, s. unten S. 90) Von dem Muster kann insoweit abgewichen werden, als die darin vorgesehenen Angaben für die Berechnung der Abgabe nicht in Betracht kommen (§§ 195—199 der Ausführungsbestimmungen).

b. Andere über die Versicherungen geführte Bücher oder Listen (z. B. Versicherungsverzeichnisse, Borderos, Prämien-Storno-Register) (§§ 200 und 201 der Ausführungsbestimmungen). Die Verwendung dieser Bücher an Stelle des Versicherungsstempelbuches setzt die nur auf Antrag erfolgende Zulassung durch die oberste Landes-Finanz-Behörde des Bundesstaates voraus, in dem der Versicherer oder der von ihm mit der Erfüllung der Stempelpflicht betraute Bevollmächtigte seinen Sitz oder seine Geschäftsniederlassung hat. Die oberste Landes-Finanz-Behörde kann ihre Befugnis der Direktiv-

Behörde übertragen (§§ 200 und 201 der Ausf.-Best.).
Die Aufstellungen sind obligatorisch, aber für die Steuerpflicht selbst unerheblich.

(3) Die Aufstellung ist der zuständigen Steuerbehörde vorzulegen und zwar vom Versicherer bezw. dessen Bevollmächtigten bezw. vom Versicherungsnehmer, wenn die Versicherung mit einem ausländischen, in Deutschland durch einen Bevollmächtigten nicht vertretenen Versicherer abgeschlossen worden ist.

(4) d. h. den Betrag der Barprämie, die vom Versicherungsnehmer entrichtet wurde.

(5) Diese Rubrik bezieht sich auf die Sachversicherung. In der Lebensversicherung spielt sie keine Rolle. Das Objekt der Versicherung ist hier immer der Mensch. Die Eintragung dürfte sich daher für die Lebensversicherung erübrigen.

(6) Als Arten der Versicherung kommen bei der Transportversicherung nur Kasko- und Baurisiken-Versicherungen einerseits und sonstige Versicherungen andererseits in Betracht, bei der Feuerversicherung die Mobiliarversicherungen einerseits und die Immobiliarversicherungen andererseits. Da von den Gesellschaften die Aufstellungen für jeden Zweig gesondert angefertigt werden, erübrigt sich für die Lebensversicherung eine Eintragung, denn die betreffende Aufstellung trägt schon an ihrem Kopf die Bezeichnung des Versicherungszweiges, auf den sie sich bezieht.

(7) Der Zeitraum, für welchen die Zahlung geleistet ist, kommt bei der Transport-, Einbruchdiebstahl-, Glas- und Lebensversicherung nicht in Betracht, sodaß Angaben hierüber nicht erforderlich sind.

(8) Der Stempel wird erst fällig, wenn die Prämie gezahlt ist. Erfolgt die Prämienzahlung nicht, so tritt auch die Steuerpflicht für die betreffende Prämie nicht ein. Eine vor der Prämien-Zahlung erfolgte Entrichtung der Abgabe ist eine nichtgeschuldete Leistung, die ohne weiteres zurückgefordert werden kann (vergl. § 200 der Ausführungsbestimmungen). Dieser Fall ist anders zu beurteilen, als die nachträgliche Aufhebung einer Versicherung, für welche eine Prämien-Zahlung bereits erfolgt, die Abgabe also geschuldet war (vergl. § 206 der Ausführungsbestimmungen und die dortigen Erläuterungen).

(9) Die Verpflichtung zur Anfertigung und Vorlage der Aufstellung liegt ob

a. dem Versicherer,
b. jedermann, der ermächtigt ist, für den Versicherer Zahlungen entgegenzunehmen, das ist also jedem mit dem Inkasso betrauten Beamten oder Agenten.

Wird jedoch von einem der mehreren hiernach Verpflichteten die Aufstellung angefertigt und vorgelegt, so sind die Anderen von der Verpflichtung befreit mit der Wirkung, daß sie weder aus § 103 noch aus § 111 bestraft werden können. Es ist nicht nötig, daß die Aufstellung und Vorlage durch die gleichen Personen erfolgt, es kann beispielsweise der Inkasso-Bevollmächtigte mit der Anfertigung der Aufstellung betraut werden, während der Versicherer die Vorlage selbst übernimmt. Der gewählte Weg ist auf alle Fälle der Direktivbehörde bei Inkrafttreten des Gesetzes oder bei Eröffnung des Geschäftsbetriebes anzuzeigen (§ 194 der Ausführungsbestimmungen).

(10) Bei der Fassung des Gesetzes ist es zweifelhaft, ob in den Hansestädten auch die Assekuranzmakler, die in der Regel zur Entgegennahme von Zahlungen für den Versicherer nicht befugt sind, zur Aufstellung und Vorlegung der Steuer-Urkunden ermächtigt sind. Die Makler haben in Hamburg und Bremen die Stempelung bisher stets besorgt und eignen sich hierzu auch besonders, weil sie die Geschäfte gleichzeitig für alle an einer Police beteiligten Versicherer besorgen. Sollten die mit der Stempelung verbundenen Arbeiten jetzt auf die Versicherer übergehen, so müßte bei einer Police, an der häufig 30—40 Versicherer beteiligt sind, die Arbeit, die bisher der Makler einmal gemacht hat, künftig 30—40 mal gemacht werden, was für die Versicherer ebenso lästig sein würde, wie für die Steuerbehörden und die Versicherungsnehmer, die jedem Versicherer Bruchteile des Stempels vergüten müßten. Man wird daher annehmen dürfen, daß die Steuerbehörden der Hansestädte die Assekuranzmakler als Bevollmächtigte der Versicherer hinsichtlich der Stempelsteuer anerkennen werden. Hierbei wird dann auch klarzustellen sein, ob die Versicherer durch

die Vollmachtserteilung an die Assekuranzmakler von den ihnen gesetzlich obliegenden Verpflichtungen (§ 97 Abs. 3 und § 103 Abs. 5) befreit werden, oder ob sie insbesondere die strafrechtliche Verantwortlichkeit für die Aufstellung und deren Versteuerung behalten. — Die Ausführungsbestimmungen sehen übrigens im § 196 Abs. 4 bereits für derartige Fälle die Führung eines gemeinsamen Versicherungsstempelbuchs seitens eines für mehrere Versicherer tätigen Maklers vor.

§ 98.

Die Stempelabgabe ist zu den Aufstellungen zu entrichten.

Die Entrichtung geschieht durch Verwendung von Vordrucken oder von Stempelmarken nach näherer Anordnung des Bundesrats.

Dem Bundesrat steht auch die Bestimmung darüber zu, ob und in welchen Fällen die Abgabe auf andere Weise als im Anschluß an die Aufstellungen und durch Verwendung von Stempelwertzeichen entrichtet werden darf. (1)

(1) Als Art der Steuerentrichtung ist zwar in erster Linie die Verwendung von Vordrucken oder Stempelmarken im Gesetz vorgesehen. Doch ist die nähere Bestimmung hierüber dem Bundesrat überlassen, um die Möglichkeit zu bieten, bei der Art der Steuerentrichtung den Bedürfnissen der einzelnen Versicherungszweige Rechnung zu tragen und insbesondere, soweit dies angezeigt erscheinen kann, eine Selbstentwertung der Marken zuzulassen oder auch von Verwendung der Marken ganz abzusehen. (Begründung S. 31).

Der Gesetzgeber hatte als regelmäßigen Weg der Abgabeentrichtung die Verwendung von Vordrucken oder von Stempelmarken angesehen und andere Möglichkeiten nur aushilfsweise zulassen wollen. Der Bundesrat hat jedoch in den Ausführungsbestimmungen die unzweckmäßige Verwendung von Stempelwertzeichen ganz aufgegeben und an deren Stelle die viel einfachere Abführung des nachgewiesenen Gesamtstempelbetrages an die Steuerstelle gesetzt, die den Empfang auf der Aufstellung zu bescheinigen hat (§§ 199, 200 der Ausführungsbestimmungen).

Auch das in § 201 zugelassene Abrechnungsverfahren beruht auf dem gleichen Grundgedanken.

§ 99.

In Fällen der Befreiung von der Abgabepflicht ist der Grund der Befreiung in den Aufstellungen zu vermerken, sofern er aus dem Inhalt der Eintragung nicht ohne weiteres ersichtlich ist. (1)

(1) **a. Feuer-, Einbruchdiebstahl- und Glas-V.** Der Grund der Befreiung ist aus dem Register ohne weiteres ersichtlich, wenn es sich beispielweise um eine Versicherung mit einer Versicherungssumme von nicht mehr als 3000 Mk. handelt oder um eine nicht stempelpflichtige Art von Versicherungen, z. B. Aufräumungskostenversicherung, Beraubungsversicherung. Wird statt des Versicherungsstempelbuches das Versicherungsregister verwendet, in dem auch der Versicherungsort angegeben ist, so bedarf es auch keiner weiteren Bemerkung, wenn bei einer Sachversicherung die Stempelfreiheit deshalb gegeben ist, weil der Versicherungsort im Ausland liegt.

Dagegen ist eine erläuternde Bemerkung nötig, wenn eine Versicherung nicht abgabepflichtig ist, weil die Abgabe schon für eine andere Versicherung der gleichen Gegenstände entrichtet wurde, so z. B. bei Versicherung gegen Explosion, wenn bei demselben Versicherer bereits eine Feuerversicherung für die gleichen Gegenstände besteht, bei Versicherung von Schobern, wenn die Erntevorräte bereits versichert sind, bei einer abhängigen Außenversicherung, wenn die Gegenstände schon in einer bestimmten Versicherungslokalität versichert sind. In solchen Fällen genügt ein kurzer Hinweis auf die ursprüngliche Versicherung, deren Nummer zweckmäßigerweise anzugeben ist.

b. Transport-V. Für die Transportversicherung kommen als von der Stempelsteuer befreite Versicherungen in Betracht:

1. Rückversicherungen.
2. Valorenversicherungen.
3. Versicherungen bis 3000 Mk.
4. Versicherungen mit ausländischen Versicherungsnehmern, gleichviel ob sie im Aus- oder Inland abgeschlossen sind.

Über Rückversicherungen und Valorenversicherungen werden in der Regel besondere Register geführt. Soweit dies bisher nicht geschehen sein sollte, empfiehlt es sich, es in Zukunft zu tun. Dasselbe ist bezüglich der Versicherungen mit ausländischen Versicherungsnehmern zu empfehlen. Über die betreffenden Versicherungen sind dann, weil sie aus dem Rahmen des Gesetzes vollständig herausfallen, besondere Aufstellungen für Steuerzwecke nicht zu machen.

§ 100.

Schuldner der Abgabe ist der Versicherungsnehmer. (1) **Zu dessen Lasten ist die Abgabe von dem Versicherer oder seinem Bevollmächtigten (§ 97 Abs. 3) spätestens bei Vorlegung der Aufstellung mit der Maßgabe zu zahlen,** (2) **daß die Abgabe in Fällen, in denen sie durch die Dauer der Versicherung bestimmt wird, für den Zeitraum zu entrichten ist, auf den die Zahlung des Versicherungsentgelts sich bezieht.** (3)

(1) Das Gesetz bezeichnet als Schuldner der Abgabe den Versicherungsnehmer und bringt damit zum Ausdruck, daß die Abgabe nicht eine Belastung der Versicherungsgesellschaften, sondern der versicherten Vermögenswerte sein soll. Lediglich zur Vereinfachung der Steuererhebung ist die Entrichtung der Abgabe dem Versicherer auferlegt, durch dessen Zahlung an die Steuerbehörde der Anspruch des Fiskus erfüllt wird. Dabei ist jedoch im Gesetz klargestellt, daß diese Entrichtung zu Lasten des Steuerschuldners (Versicherungsnehmers) erfolgt. Der Versicherer wird daher auch dann in der Lage sein, im Wege des Rückgriffes sich wegen der Abgabe an den Versicherungsnehmer zu halten, wenn der Versicherungsvertrag darüber nichts enthält. (Begründung S. 31).

Daraus, daß der Versicherer nach dem Gesetz nur zu Lasten des eigentlichen Schuldners, des Versicherungsnehmers, zahlt, folgt, daß er ein Rückgriffsrecht gegen diesen hat, das er vor den ordentlichen Gerichten geltend machen und auf Grund eines so erwirkten Vollstreckungstitels auch zwangsweise durchsetzen kann. Dagegen wird aber auch der Steuerstelle das Recht zustehen, die Stempelabgabe von einem Versicherungsnehmer, der trotz

Aufforderung durch den Versicherer die Zahlung verweigert, im Verwaltungszwangsverfahren beizutreiben. Dieser Weg ist abgesehen von seiner Einfachheit und Billigkeit auch deshalb vorzuziehen, weil den Versicherern die mit der Durchführung von Prozessen verbundene Arbeits- und Kostenlast nicht zugemutet werden kann, ganz abgesehen davon, daß das gute Einvernehmen zwischen Versicherer und Versicherungsnehmer gestört würde, wenn jener zur Vollstreckung von öffentlichen Abgaben gezwungen würde.

(2) Für den Fall, daß mehrere Versicherer an einer Versicherung beteiligt sind, und gemäß der Vorschrift des § 196 Abs. 4 der Ausführungsbestimmungen von den Versicherern oder einem für sie tätigen Makler ein gemeinsames Versicherungsstempelbuch geführt wird, kann der Stempel für alle beteiligten Versicherer in einer Summe festgesetzt und hierauf auf die einzelnen Versicherer im Verhältnis ihres Anteils verteilt werden.

(3) Hieraus ergibt sich für den Fall der Vorauszahlung der Prämie die Pflicht zu entsprechender Vorauszahlung der Abgabe. Die Bestimmung darüber, ob und inwieweit auch in sonstigen Fällen der Schuldner mit befreiender Wirkung die Abgabe im voraus entrichten kann, ist nach der Begründung (S. 31) Sache der Ausführungsvorschriften. Diese enthalten hierüber indessen nichts.

§ 101.

Wenn der Versicherer im Inland keinen Wohnsitz (1) hat, ist der von ihm zur Entgegennahme von Zahlungen bevollmächtigte, im Inland wohnhafte Vertreter verpflichtet, von seiner Bestellung der Steuerbehörde seines Bezirkes Mitteilung zu machen. (2) Er ist auch verpflichtet, (3) der zuständigen Steuerbehörde innerhalb einer Frist von 14 Tagen (4) nach jeder Leistung des Versicherungsentgelts von dem Gegenstand und der Art und Dauer der Versicherung, der Versicherungssumme sowie von den Fristen für die Zahlung des Versicherungsentgelts Anzeige zu erstatten und auf Erfordern der Behörde den Versicherungsschein und das Empfangsbekenntnis über die Zahlung des Versicherungsentgelts oder, wenn er nicht im Besitze dieser Urkunden ist, die über die Versicherung

und die Zahlung des Versicherungsentgelts Aufschluß gebenden Geschäftspapiere vorzulegen.

Die Verpflichtung gemäß Abs. 1 Satz 2 liegt dem Versicherungsnehmer ob, (5) wenn der Versicherer im Inland weder seinen Wohnsitz noch einen zur Entgegennahme von Zahlungen bevollmächtigten Vertreter hat.

(1) Das Wort „Wohnsitz" ist statt des bei Personenvereinigungen üblichen Ausdrucks „Sitz" wohl mit Rücksicht darauf gebraucht, daß die Einbruchdiebstahl-, Glas- und Transport-Versicherung und im Auslande unter Umständen noch andere Versicherungszweige auch von Einzelpersonen betrieben werden können.

(2) Die Voraussetzung trifft nur zu, wenn der Versicherer weder seinen Sitz noch eine Geschäftsstelle im Inland hat. Hierfür spricht die Wendung „im Inland keinen Wohnsitz" statt „seinen Wohnsitz nicht im Inland", außerdem führt diese Auslegung allein zu billigen Ergebnissen. Es wäre für die Geschäftsstelle einer großen ausländischen Gesellschaft eine geradezu unerträgliche Arbeitslast, wenn sie der Steuerbehörde alle 14 Tage eine Aufstellung vorlegen müßte. Irgendwelcher Anlaß, Geschäftsstellen ausländischer Versicherer anders zu behandeln als inländische Gesellschaften, liegt nicht vor.

Wenn in den Kommissionsberatungen eine Umgestaltung des § 101 (des § 90 e des Entwurfs) vorgenommen wurde, geschah dies lediglich, um den Vertretern ausländischer Versicherer die Anmeldepflicht aufzuerlegen (Komm.-Bericht S. 12). Daß ausländische Versicherungsgesellschaften, die von dem Kaiserlichen Aufsichtsamt für Privatversicherung zum Geschäftsbetriebe in Deutschland zugelassen sind und einen Bevollmächtigten unterhalten, nicht unter diesen Paragraphen fallen, geht übrigens auch deutlich aus § 194 Abs. 4 der Ausführungsbestimmungen hervor.

Da die Transportversicherung der Aufsicht durch das Kaiserliche Aufsichtsamt nicht unterliegt, bietet hier die Frage besondere Schwierigkeiten. Man wird annehmen dürfen, daß für ausländische Transportversicherungs-Gesellschaften ein Wohnsitz in Deutschland schon dadurch begründet wird, daß ihr Vertreter, wie z. B. in Hamburg, eine Vollmacht nach dem von der Handelskammer vorgeschriebenen Formular erhalten hat. Unter den § 101 Abs. 1 fallen daher nur diejenigen Versicherer, die in Deutschland lediglich Inkasso-Agenten unterhalten.

(3) Die Fassung dürfte insofern zu weit sein, als sie auch den Fall umfaßt, daß an einen Versicherer, der einen solchen Vertreter hat, unmittelbar gezahlt wird, ohne daß der Vertreter von der Versicherung auch nur Kenntnis erhält. In solchen Fällen dürfte, entgegen dem Wortlaut, der Versicherungsnehmer zur Anzeige verpflichtet sein.

(4) Durch § 198 der Ausführungsbestimmungen ist die Vorschrift insofern etwas gemildert, als die Anzeige erst 14 Tage nach dem Ablauf des Zeitraumes zu erstatten ist, für den die Aufstellungen zu führen sind, das ist jeweils nach Ablauf eines halben Kalendermonats.

(5) Die Vorschrift entspricht im wesentlichen der im § 66 p. Absatz 2 des Entwurfes von 1909 vorgeschlagenen Bestimmung. Sie soll wie diese der Gefahr vorbeugen, daß bei Versicherungsgeschäften ausländischer Gesellschaften die Steuerpflicht umgangen wird, indem der Versicherungsnehmer unmittelbar mit einer ausländischen Gesellschaft, die als solche den Gesetzen nicht untersteht, eine Versicherung abschließt (Begründung S. 31).

Nach dieser Bestimmung sind alle Versicherungsnehmer, die Versicherungen mit ausländischen, in Deutschland nicht vertretenen Versicherern laufen haben, verpflichtet, die gesetzlich vorgeschriebenen Formalitäten zu erfüllen und den Stempel direkt zu entrichten. Hierunter fallen namentlich diejenigen Firmen, die Versicherungen mit Lloyds in London abgeschlossen haben.

§ 102.

Die Aufstellungen und die sonstigen Nachweise (1) über die Entrichtung der Abgabe sind von Vereinigungen, Anstalten und Personen, welche Versicherungen übernehmen oder vermitteln, (2) nach näherer Bestimmung des Bundesrats (3) geordnet, fünf Jahre lang vom Schlusse des Jahres ab, im welchem die Abgabe entrichtet ist, aufzubewahren.

Die gleiche Pflicht liegt im Falle des § 101 (4) dem Versicherungsnehmer ob.

(1) Das ist die Bescheinigung des Geldempfanges durch die Steuerstelle auf der Aufstellung und der Nachweisung.

(2) Vermittler haben die Aufbewahrungspflicht naturgemäß nur insoweit, als ihnen entweder nach § 194 der Ausführungsbestimmungen die Erfüllung der Steuerpflicht übertragen ist oder als sie nach § 101 Abs. 1 des Gesetzes zur Anzeige verpflichtet sind.

(3) s. § 199 Abs. 3 der Ausführungsbestimmungen, wonach die Ordnung nach den einzelnen Versicherungszweigen und Jahrgängen und innerhalb dieser nach der Reihenfolge der Monate zu erfolgen hat.

(4) Die Anführung des ganzen § 101 dürfte noch auf dessen frühere Fassung zurückzuführen sein. Nach der jetzigen Fassung kann der Versicherungsnehmer die Aufbewahrungspflicht nur im Falle des § 101 Abs. 2 haben.

§ 103.

Die Nichterfüllung der Steuerpflicht wird mit einer Geldstrafe bestraft, welche dem fünfundzwanzigfachen Betrage der vorenthaltenen Abgabe gleichkommt, mindestens aber zwanzig Mark beträgt.

Kann der Betrag der vorenthaltenen Abgabe nicht festgestellt werden, so tritt statt der vorstehend bestimmten Strafe eine Geldstrafe von zwanzig bis zu zehntausend Mark ein.

Die Strafe trifft besonders und zum vollen Betrage jeden, der die ihm obliegende Verpflichtung zur Entrichtung der Abgabe nicht rechtzeitig erfüllt. (1)

Der Nichterfüllung der Steuerpflicht wird gleichgeachtet, wenn die Anfertigung der Aufstellung (§ 97) oder die Anzeige an die Steuerbehörde (§§ 101, 106) unterlassen oder hierbei unrichtige Angaben gemacht werden, die geeignet sind, die Abgabe zu verkürzen.

Weist der Versicherer nach, daß für die Anfertigung der Aufstellung mit Zustimmung der Steuerbehörde ein Bevoll-

mächtigter bestellt ist, so trifft für die Dauer der Bestellung diesen allein die strafrechtliche Verantwortlichkeit für die Aufstellung und deren Versteuerung (2).

(1) Die Strafdrohung richtet sich sowohl gegen den Versicherungsnehmer als gegen den Versicherer und den von ihm zur Erfüllung der Steuerpflicht bestellten Vertreter (s. Absatz 3). Der Versicherungsnehmer kann die Steuerpflicht nicht nur dadurch verletzen, daß er die Zahlung verweigert, sondern auch dadurch, daß er vorsätzlich unrichtige Angaben macht, beispielsweise hinsichtlich der Frage, ob Maschinen zu den beweglichen oder unbeweglichen Gegenständen gehören, oder hinsichtlich des Bestehens anderer Versicherungen bei einer Versicherung, deren Summe unter 3000 Mk. bleibt.

Bei Aktiengesellschaften und Versicherungsvereinen auf Gegenseitigkeit treffen die Strafen die Vorstandsmitglieder als Gesamtschuldner (§ 112 des Gesetzes).

Aus § 111 geht hervor, daß die Strafe aus § 103 dann nicht eintritt, wenn sich aus den Umständen ergibt, daß eine Steuerhinterziehung nicht hat verübt werden können oder nicht beabsichtigt worden ist.

(2) Absatz 5 bildet eine Ausnahme von Absatz 3.

Bei § 103 handelt es sich um wirkliche Kriminalstrafen im Gegensatz zu den Ordnungsstrafen des § 111. Wegen des zunächst eintretenden administrativen Strafverfahrens s. § 113 d. Ges. und die dort angeführten §§ 23 und 24 des Wechselstempelgesetzes vom 15. Juli 1909, die ihrerseits wieder auf die Vorschriften verweisen, nach welchen sich das Verfahren wegen Vergehen gegen die Zollgesetze bestimmt. Hierfür sind maßgebend der Zollvereinsvertrag vom 8. Juli 1867, das Vereinszollgesetz vom 1. Juli bezw. 26. September 1869 und das Zolltarifgesetz vom 25. Dezember 1902, ferner die zu diesen Gesetzen erlassenen landesrechtlichen Ausführungsbestimmungen. Ferner sind einschlägig die §§ 459 bis 469 der Reichsstrafprozeßordnung und die zu dieser ergangenen Ausführungsgesetze der einzelnen Bundesstaaten. (s. auch Erläuterungen zu § 113).

Gegen die im Verwaltungsstrafverfahren ergangenen Strafbescheide kann die Entscheidung der ordentlichen Gerichte angerufen werden.

Die Umwandlung der Geldstrafe in eine Freiheitsstrafe findet nicht statt. (§ 114 des Gesetzes).

§ 104.

Der Bundesrat kann bezüglich der § 97 bis 101 für die öffentlichen Versicherungsanstalten auf Antrag der Landesregierung abweichende Bestimmungen (1) zulassen.

Die Königlich Bayerische Regierung ist befugt, für die Brandversicherungsanstalt für Gebäude im Königreiche Bayern besondere Vorschriften über die Art der Erhebung der Abgabe zu erlassen. (2)

(1) Derartige Bestimmungen sind noch nicht ergangen.

(2) Die Vorschrift entspricht den auf Ziffer 4 des Schlußprotokolls betreffend den Beitritt Bayerns zum deutschen Bund vom 13. November 1870 beruhenden besonderen Verhältnissen der Immobiliarversicherung im Königreich Bayern. (Begründung S. 32).

§ 105.

Die in Tarifnummer 12 bezeichneten Beurkundungen sowie sonstige Urkunden über Versicherungen, z. B. Anträge auf Abschluß oder Verlängerung einer Versicherung, Versicherungsscheine, Verlängerungsscheine usw., unterliegen — auch für die nach Tarifnummer 12 befreiten Versicherungszweige — in den einzelnen Bundesstaaten keiner weiteren Stempelabgabe (Taxe, Sportel usw.) (1)

Die Erhebung landesgesetzlicher Gebühren für Amtshandlungen, die aus Anlaß einer Versicherung erforderlich werden, wird durch die Vorschriften dieses Gesetzes nicht berührt. (2)

(1) Das Gesetz sieht für das ganze Reichsgebiet und für das ganze Versicherungswesen eine einheitliche Ordnung vor, indem weder allgemein einzelstaatliche Stempelabgaben zugelassen

werden, noch auch nur der einzelstaatlichen Gesetzgebung für diejenigen Versicherungszweige Raum bleibt, die von dem Reichsgesetz mit einer Abgabe nicht belegt sind (Begründung S. 25). Zu den Abgaben im Sinne des Abs. 1 von § 105 gehören, wie dessen Wortlaut besagt, nur Abgaben von Rechtsverkehr, wie sie in der Regel in Form des Urkundenstempels in den einzelnen Bundesstaaten erhoben worden sind. (Begründung S. 32). Hieraus folgt, daß weder die in der Tarifstelle 12 als befreit angegebenen, noch die dem Reichsstempel unterworfenen Versicherungen seitens der einzelnen Bundesstaaten einer Stempelabgabe irgend welcher Art, also auch keinem Urkundenstempel, unterworfen werden dürfen. Damit ist die Einheit des Versicherungsstempelrechts für das ganze Deutsche Reich verwirklicht. Die lästige und von den Gesellschaften vielfach beklagte Doppelbesteuerung eines Versicherungsvertrages ist damit wenigstens innerhalb Deutschlands und für die nach dem 1. Oktober geschlossenen Versicherungen beseitigt.

Auch soweit bisher eine Gebühr unmittelbar an den Vertragsabschluß ohne Rücksicht auf die Beurkundung geknüpft war, fällt sie weg, da das Gesetz jede einzelstaatliche Abgabe auf Versicherungsverträge beseitigen will. Dieser aus der Entstehungsgeschichte klar ersichtliche Wille ist mit hinreichender Deutlichkeit zum Ausdruck gebracht.

(2) Durch die Fassung von Absatz 2 wird klargestellt, daß als Gebühr im Sinne dieser Vorschrift nur ein Betrag gelten kann, der als Entgelt für die mit Amtshandlungen verbundenen Mühewaltungen im einzelnen Falle und Kosten anzusehen ist. (Begründung S. 32). Landesgesetzliche Gebühren für Amtshandlungen, die aus Anlaß einer Versicherung erforderlich werden, kommen in irgendwie nennenswertem Umfange nicht vor. Besonders ist die bei Feuerversicherungen noch zugelassene Nachkontrolle, deren Wertlosigkeit übrigens mehr und mehr zugegeben wird, nirgends gebührenpflichtig, wohl mit Rücksicht darauf, daß sie lediglich im öffentlichen Interesse geübt wird, ohne daß sie von den Parteien begehrt würde.

Unberührt bleiben die in § 121 des Reichsgesetzes über die privaten Versicherungsunternehmungen erwähnten landesrechtlichen Vorschriften und die mit Landesbehörden getroffenen Vereinbarungen über die Verpflichtungen der Feuerversicherungsunternehmungen in Bezug auf die Leistungen von Abgaben für gemeinnützige Zwecke, besonders zur Förderung des Feuerlöschwesens.

§ 106.

Die Zahlung des Entgelts für Versicherungen der in Tarifnummer 12 bezeichneten Art, die in der Zeit vom 1. April 1913 bis zum Inkrafttreten dieses Gesetzes geleistet wird, unterliegt den Vorschriften dieses Gesetzes, soweit sie sich auf die Zeit nach dem Inkrafttreten bezieht. (1) **Die hiernach steuerpflichtigen Zahlungen sind binnen einem Monat nach dem Inkrafttreten dieses Gesetzes bei der Steuerbehörde anzumelden. Die Anmeldung liegt dem Versicherungsnehmer und dem Versicherer ob. Die Vorschriften des § 97 Abs. 3 finden entsprechende Anwendung.**

Ist aus Anlaß dieser Zahlungen eine Abgabe der im § 105 bezeichneten Art bereits entrichtet, so wird deren Betrag auf die nach Abs. 1 fällige Abgabe angerechnet. (2)

Die näheren Bestimmungen über die Erhebung trifft der Bundesrat.

(1) Die Zeit zwischen Bekanntwerden und Inkrafttreten des Entwurfes könnte von den an Versicherungsverträgen Beteiligten dazu benutzt werden, sich der Erfassung durch die Reichsabgabe zu entziehen, indem die Prämien auf geraume Zeit im voraus gezahlt werden und so für den gleichen Zeitraum der Anlaß zur Erhebung der Reichsabgabe ausgeschaltet wird. Um dies zu verhindern, wird der Abgabe eine Prämienzahlung in der Zwischenzeit insoweit unterstellt, als sie unter das Gesetz fallen würde, wenn keine Vorauszahlung erfolgt wäre (Begründung S. 32). Hiernach kann kein Zweifel darüber sein, daß der Gesetzgeber nur den Umgehungsversuchen entgegentreten wollte, die allenfalls zum Schaden des Reichs durch den Abschluß von Versicherungen mit Vorauszahlung der Prämie für mehrere Versicherungsperioden hätten gemacht werden können.

Die Worte „soweit sie sich auf die Zeit nach dem Inkrafttreten bezieht" sind mithin gleichbedeutend mit „soweit sie sich auf eine nach dem Inkrafttreten des Gesetzes beginnende Versicherungsperiode bezieht." Dabei ist unter Versicherungs- und Prämienzahlungs-Periode die gemäß § 9 V.V.G. normale Periode von einem Jahr zu verstehen. Schon aus praktischen Erwägungen kann eine andere Auslegung um deswillen nicht Platz greifen, weil sonst namentlich in den verschiedenen Sachversicherungszweigen viele hunderttausende von Prämienquittungen durchgesehen und geändert werden müßten, was das Ausheben der Versicherungsscheine aus den Registraturen, sowie die Berechnung des anteiligen Reichsstempels und des anrechnungsfähigen anteiligen Staatsstempels zur Voraussetzung hätte, ebensoviele Buchungen müßten gemacht werden, ferner eine gleiche Zahl von Registereinträgen, an Hunderttausende von Versicherungsnehmern müßte herangetreten werden, Rückfragen wären zu beantworten, kurz, es würde den Gesellschaften und ihren Organen eine Arbeit zugemutet werden, die im ordnungsmäßigen Geschäftsbetrieb überhaupt nicht geleistet werden kann und deren Kosten in keinem Verhältnis zum finanziellen Erfolg für das Reich stehen.

Bei der Transportversicherung würde die wörtliche Auslegung dieser Bestimmung dazu führen, daß Reiseversicherungen, bei denen die Reise am 1. Oktober 1913 noch nicht beendigt ist, der neuen Stempelsteuer unterliegen sollen. Bei diesen Versicherungen würde aber die Feststellung, wie weit sich die Prämie auf die Zeit nach dem 1. Oktober bezieht, technisch unmöglich sein. Der Versicherer ist nicht in der Lage, festzustellen, wo sich das versicherte Schiff oder die versicherte Ware am 1. Oktober 1913 befindet und wann das Risiko beendigt ist. Er hat aber auch keinerlei Zwangsmittel gegen den Reeder oder den ausländischen Empfänger, um von diesen die erforderlichen Angaben zu erhalten. Würde in Ausnahmefällen die Nachprüfung möglich sein, so würde die dadurch entstehende Arbeit ein Vielfaches des Stempelbetrages an Kosten verursachen. In dieser Beziehung ist z. B. auf Landtransporte zu verweisen, bei denen Prämiensätze von $^1/_{10}$ bis $^1/_{20}$ $^0/_{00}$ üblich sind, und wobei die Gesamtprämie für die einzelnen Transporte meist nur wenige Pfennige beträgt. Bei Transportversicherungen auf Zeit würde die genaue Berechnung der auf die Zeit nach dem 1. Oktober 1913 entfallenden

Prämienbruchteile meist in keinem Verhältnis zu dem Stempelbetrage stehen.

Auch in der Lebensversicherung führt die strenge Auslegung des § 106 zu Härten. Wollte man jede Vorauszahlung der Prämie für die Zeit über den 1. Oktober 1913 hinaus rückwirkend stempelpflichtig machen, so gelangte man beispielsweise dazu, bei einer vielleicht schon vor vielen Jahren abgeschlossenen Lebensversicherung mit monatlicher Prämienzahlung eine am 15. September 1913 im voraus gezahlte Monatsprämie für die Zeit vom 1. bis 15. Oktober 1913 für stempelpflichtig zu erklären. Daß es sich in diesem Falle nicht um eine Vorauszahlung der Prämie zwecks Umgehung des Gesetzes handelt, liegt auf der Hand. Die Vorauszahlung der Prämie am 15. September 1913 für einen weiteren Monat entsprach ja nur dem bei dieser Versicherung vielleicht schon viele Jahre hindurch geübten Prämienzahlungsverfahren. Genau so ist die Sachlage, wenn die Prämie vierteljährlich, halbjährlich oder jährlich im voraus entrichtet worden ist.

Es unterliegt keinem Zweifel, daß der Gesetzgeber diese sich aus dem Wortlaut des Gesetzes ergebenden Folgen nicht gewollt hat. Die Auslegung des Gesetzes muß daher auf die ursprünglichen Absichten des Gesetzgebers zurückgehen. Hiernach ist die Bestimmung wie folgt auszulegen:

Der § 106 bezieht sich nur auf die Vorauszahlung der Prämien für längere Zeit als die normale Versicherungsperiode (ein Jahr).

Wird der § 106 in dieser Weise ausgelegt, so kommt er bei Feuerversicherungen nur zur Anwendung, wenn es sich um Versicherungen mit Vorauszahlung der Prämie für mehrere Jahre handelt. Das Gleiche gilt im Bereich der Transportversicherung hinsichtlich der Zeitversicherungen, während für Reiseversicherungen die Bestimmung des § 106 völlig bedeutungslos bleibt. In der Lebensversicherung, bei der die Vorauszahlung laufender Prämien für mehr als Jahresfrist selten ist, fallen unter die Vorschrift des § 106 die in der Zeit zwischen dem 1. April 1913 und 1. Oktober 1913 neu abgeschlossenen Verträge mit einmaliger Kapitaleinzahlung, also insbesondere

Rentenversicherungen. Hat z. B. jemand am 1. Mai 1913 ein Kapital von 15000 Mk. eingelegt, um sich hierdurch eine 30 Jahre später beginnende Leibrente zu sichern, so ist für den Teil der Prämie, d. h. in diesem Falle des Kaufpreises, der über den 1. Mai 1914, d. h. über die normale Versicherungsperiode, hinausgeht, Reichsstempel zu entrichten. Es ist mithin $1/2$ % von 14500 Mark, also eine Steuer von 72,50 Mark zu zahlen (vergl. aber Anm. 2).

Werden, wie dies bei Versicherungsvereinen auf Gegenseitigkeit häufig geschieht, Beiträge nach dem 30. September 1913 für einen Versicherungszeitraum eingefordert, der spätestens am 30. September 1913 abgelaufen ist, so ist der Reichsstempel aus Anlaß dieser Beitragszahlungen nicht zu entrichten.

(2) Auf die gemäß der Vorschrift des § 106, Abs. 1 aus der Zeit vor dem Inkrafttreten des Gesetzes zu erhebende Abgabe soll, um Härten zu vermeiden, der Betrag angerechnet werden, der auf Grund einer einzelstaatlichen Abgabe entrichtet ist. Die Anrechnungsvorschrift betrifft demnach nur die Reichsabgabe, die auf Grund der Prämienzahlung der Zwischenzeit fällig wird. (Begründung S. 32).

Die hier vorgesehene Anrechnung der bereits gezahlten einzelstaatlichen Stempel und Gebühren ist eine Ausnahmebestimmung, die nur die Fälle trifft, in denen aus Anlaß einer zwischen dem 1. April 1913 und 1. Oktober 1913 erfolgten Prämienzahlung ein Reichsstempel erhoben wird. Knüpft sich die Reichsstempelpflicht an eine nach dem 30. September 1913 fällige Prämienzahlung, so ist eine Anrechnung landesgesetzlicher Stempelbeträge ausgeschlossen. Angerechnet wird der Teil des Landesstempels, der auf die Zeit nach Ablauf des laufenden Versicherungsjahres bis zur nächsten Prämienzahlung entfällt. Fehlt es an einer festen Umgrenzung der Versicherungsdauer, so gilt als Versicherungsdauer der Zeitraum, der von dem Versicherer bei der Festsetzung der Prämie angenommen wurde. War z. B. am 1. September 1913 eine Versicherung für 5 Jahre mit Vorauszahlung der Prämie für die ganze Dauer abgeschlossen und hierfür eine Landesabgabe von Mk. 40.— entrichtet, so ist der Reichsstempel nur für 4 Jahre (1. Sept. 1914 bis 1. Sept. 1918) zu erheben. Dementsprechend kann der Landesstempel nur mit dem auf diese 4 Jahre entfallenden Teilbetrag von Mk. 32.— angerechnet werden. Eine Rentenversicherung über 10000 Mk. mit Rentenbeginn nach 20 Jahren sei am 1. September 1913 geschlossen. Der Reichsstempel beläuft sich, für die Zeit vom 1. September 1914 bis 1. September 1933 berechnet, auf 47,50 Mark ($\frac{1}{2}$ % von Mk. 9500.—). Der Landesstempel stellt sich auf Mk. 40.—. Hiervon werden $\frac{40 \cdot 19}{20}$ = Mk. 38.— angerechnet. Es sind mithin Mk. 9.50 Reichsstempel zu zahlen.

Ist der zur Anrechnung kommende Landesstempel größer als der zu zahlende Reichsstempel, so entfällt letzterer ganz, keineswegs wird aber der noch verbleibende Rest des Landesstempels auf den nächstfälligen Reichsstempel verrechnet. Es wird mithin oft nur zu einer teilweisen Wiedergutschrift des gezahlten Landesstempels auf den Reichsstempel kommen.

Die Anrechnungsvorschrift ist für die Transportversicherung insbesondere in den Hansestädten wichtig, wo bei der Seeversicherung zum Teil höhere Stempel, als nach dem neuen Gesetz vorgesehen, zu entrichten waren.

Angerechnet können nur geschuldete einzelstaatliche Gebühren werden, daher beispielsweise nicht die bayerischen, da diese jeweils nur für ein Jahr fällig und nur aus Bequemlichkeitsgründen mit der Escomptprämie für mehrere Jahre vorausbezahlt wurden. In solchen Fällen muß der Einzelstaat die nicht geschuldeten Gebühren herausgeben, wogegen das Reich den vollen Stempel für die nach dem 1. Oktober 1913 beginnenden Versicherungsjahre erhält.

Die Vorschrift des § 106 Abs. 2 kann die Unbilligkeit nicht beseitigen, die darin liegt, daß die Landesstempel meist Vertragsstempel waren, die für die ganze Dauer des Vertrages im Voraus erhoben wurden. Ganz besonders groß ist die Härte für die Lebensversicherung. Wenn bisher schon in den Bundesstaaten der Landesstempel von der Prämienzahlung erhoben worden wäre, würde eine Doppelbesteuerung der Lebensversicherung nicht eintreten, da ja vom 1. Oktober 1913 an die einzelstaatlichen Stempel aufhören. Tatsächlich ist aber in den meisten Bundesstaaten der Lebensversicherungsstempel ein Vertragsstempel gewesen. Er wurde erhoben, wenn der Lebensversicherungsvertrag geschlossen wurde. Da ein derartiger Vertrag für lange Zeiträume, häufig für mehrere Jahrzehnte geschlossen wird, so unterliegen alle Lebensversicherungsverträge, die einmal einen bundesstaatlichen Vertragsstempel zu tragen hatten, von jetzt ab der Verstempelung durch das Reich, wenn nach dem 1. Oktober 1913 noch Prämienzahlungen auf diese Lebensversicherungsverträge geleistet werden. Die Lebensversicherung ist also in weitem Umfang und mehr als irgendein anderer Versicherungszweig einer Doppelbesteuerung ausgesetzt. Diese macht einer einfachen Besteuerung durch das Reich erst Platz, wenn die unter der Wirkung der einzelstaatlichen Stempelsteuergesetzgebung abgeschlossenen Lebensversicherungsverträge durch Ablauf, Rückkauf, Verfall usw. beseitigt worden sind. Der Wunsch, diese Doppelbesteuerung der Lebensversicherungsverträge zu beseitigen, führte in den Verhandlungen der Kommission für den Reichshaushaltsetat zu folgendem Antrage: „Ist von einer Lebensversicherung bereits vor dem Inkrafttreten des Reichsstempelgesetzes eine einmalige, nach der Versicherungssumme bemessene Abgabe für Rechnung der Landeskasse erhoben worden, so wird diese Abgabe auf die nach diesem Gesetz zu entrichtenden Stempelbeträge angerechnet." Dieser Antrag wurde indessen abgelehnt.

Beispiele zum § 106:

1. Eine Versicherung ist am 15. März 1913 mit Vorauszahlung der Prämie auf 10 Jahre abgeschlossen. Hier tritt die Pflicht zur Entrichtung eines Reichsstempels erst bei Verlängerung nach dem Ablauf der Versicherung ein, also bei der ersten Prämienzahlung nach dem Inkrafttreten des Gesetzes.
2. Eine Versicherung ist am 15. März 1913 mit jährlicher Prämienzahlung auf 10 Jahre abgeschlossen. Hier tritt die Stempelpflicht am 15. März 1914 ein. Eine Anrechnung eines etwa gezahlten Landesstempels findet nicht statt.
3. Eine Versicherung ist am 1. August 1913 mit Vorauszahlung auf 10 Jahre abgeschlossen. Hier tritt die Stempelpflicht am 1. Oktober 1913 ein, aber nur für die Zeit vom 1. August 1914 bis 1. August 1923. Der für diese Zeit geschuldete und gezahlte Landesstempel wird angerechnet.

Allgemeine Bestimmungen.[1])

§ 109.

Der Anspruch auf Zahlung der nach diesem Gesetze zu entrichtenden Abgaben unterliegt der Verjährung. (1)

Auf die Verjährung finden die Vorschriften des Bürgerlichen Gesetzbuches und des Artikels 169 des Einführungsgesetzes zum Bürgerlichen Gesetzbuch mit folgenden Maßgaben Anwendung:

Die Verjährungsfrist beträgt 5 Jahre.

Die Verjährung beginnt, unbeschadet der Vorschrift des § 201 Satz 2 des Bürgerlichen Gesetzbuchs, mit dem Schlusse des Jahres, in dem der Anspruch fällig wird. (2)

Die Verjährung wird auch unterbrochen durch eine an den Zahlungspflichtigen erlassene Aufforderung zur Zahlung oder durch die Bewilligung einer von ihm nachgesuchten Stundung. Wird die Verjährung unterbrochen, so beginnt eine neue Verjährung nicht vor dem Schlusse des Jahres, in welchem der für die Beendigung der Unterbrechung maßgebende Zeitpunkt eintritt, und im Falle der Bewilligung einer Stundung nicht vor dem Schlusse des Jahres, in welchem die bewilligte Frist abläuft.

(1) Für die Verjährung der Strafverfolgung gelten besondere Vorschriften, die zu § 113 näher erläutert sind.

(2) Die Verjährung der Versicherungsstempelansprüche beginnt hiernach mit dem Schluß des Jahres, in dem das Entgelt gezahlt wird, da mit der Zahlung des Entgelts der Anspruch fällig wird. Dem Versicherer gegenüber kommt allerdings die ihm durch die §§ 194—201 der Ausführungsbestimmungen gewährte Stundung in Betracht, die zur Folge hat, daß ihm gegenüber die Verjährung nicht vor dem Zeitpunkt beginnt, in dem er bei ordnungsmäßiger Befolgung der Vorschriften die Abgabe an die Behörde hätte abführen müssen (§ 202 B.G.B.). War

---

[1]) Die Allgemeinen Bestimmungen (§§ 107—123) werden hier nur insoweit mitgeteilt, als sie auf den Abschnitt „Versicherungen" (Tarifnummer 12) Bezug haben.

die Stundung vom Versicherer nachgesucht, z. B. nach den §§ 200 oder 201 der Ausf. Best., so beginnt die Verjährung erst mit dem Schluß des Jahres, in welches der eben erwähnte Zeitpunkt fällt (vgl. Abs. 5 des gegenwärtigen Paragraphen).

§ 110.

In Beziehung auf die Verpflichtung zur Entrichtung der in diesem Gesetze festgestellten Abgaben ist der Rechtsweg zulässig. (1) Die Klage ist bei Verlust des Klagerechts binnen sechs Monaten nach erfolgter Beitreibung oder mit Vorbehalt geleisteter Zahlung zu erheben. Für die Berechnung dieser Frist sind die Bestimmungen der Zivilprozeßordnung (2) maßgebend. Zuständig sind ohne Rücksicht auf den Wert des Streitgegenstandes die Landgerichte. (3) Soweit bei denselben Kammern für Handelssachen bestehen, gehört der Rechtsstreit vor diese. Die Revision (4) sowie die Beschwerde gegen Entscheidungen der Oberlandesgerichte geht an das Reichsgericht.

(1) Die Zivilgerichte können sowohl zur Entscheidung über den Grund als über die Höhe der Abgabe angerufen werden, dagegen nicht, wenn es sich nur um die Frage der Form der Abgabenentrichtung handelt, wenn also beispielsweise seitens der Behörde bestimmte Angaben in den Aufstellungen und Nachweisungen verlangt werden. Hier kann allenfalls die Einleitung eines Strafverfahrens im Weigerungsfalle zu einer strafrichterlichen Entscheidung führen.

Aktiv zur Klage legitimiert ist der Schuldner der Abgabe, sohin der Versicherungsnehmer. Die Klage ist gegen den Landesfiskus zu erheben. Hat der Versicherer eine Abgabe entrichtet, deren Erstattung der Versicherungsnehmer verweigert, so bleibt es dem Versicherer überlassen, seinerseits gegen den Versicherungsnehmer zu klagen. Den Rechtsgrund hierfür bietet § 100. Hält der Versicherer eine Versicherung für nicht abgabepflichtig, für welche die Steuerbehörde eine Abgabe beansprucht, so kann er dem Versicherungsnehmer Mitteilung machen. Zahlt dieser die Abgabe, so ist die Angelegenheit erledigt, der Versicherer hat kein Recht, die Weitergabe der Abgabe an die Steuerbehörde abzulehnen und den Rechtsweg zu beschreiten. Bestreitet auch der Versicherungsnehmer die Abgabepflicht, so kann er trotzdem unter Vorbehalt zahlen und dann auf Rückerstattung klagen oder er kann abwarten, ob die Steuerbehörde die Abgabe beitreibt und dann erst die Klage einreichen. Der Versicherer kann nur auf Grund einer Abtretung des Rückerstattungsanspruches die Aktivlegitimation erhalten.

Auch Feststellungsklagen sind zulässig, wenn die Voraussetzungen des § 256 ZPO. gegeben sind. RGE. in ZivS. Bd. 31 S. 30.

Der Fiskus bedarf des Klagerechts nicht, da er ohne gerichtliches Urteil vollstrecken kann.

Beweispflichtig für die Steuerpflicht ist der beklagte Fiskus, wogegen der Kläger besondere Umstände darzutun hat, aus denen er die Stempelfreiheit ableitet, z. B. bei einer Explosionsversicherung die Tatsache der Entrichtung der Abgabe für eine die gleichen Gegenstände betreffende Feuerversicherung.

(2) §§ 221—223 ZPO. mit §§ 186—193 B.G.B.

(3) Daher Anwaltszwang (§ 78 ZPO.).

(4) Sie ist ohne Rücksicht auf den Wert des Streit- bezw. Beschwerdegegenstandes zulässig (§ 547 ZPO.).

§ 111.

Zuwiderhandlungen gegen die Vorschriften dieses Gesetzes oder gegen die zu dessen Ausführung erlassenen Vorschriften, die im Gesetze mit keiner besonderen Strafe belegt sind, ziehen eine Ordnungsstrafe bis zu einhundertfünfzig Mark nach sich. (1)

Dieselbe Strafe tritt ein, wenn in den Fällen des . . . . § 103 aus den Umständen sich ergibt, daß eine Steuerhinterziehung nicht hat verübt werden können oder nicht beabsichtigt worden ist.

(1) Die Zuständigkeit zur Verhängung, zur Milderung und zum Erlaß der Ordnungsstrafen bestimmt sich nach landesrechtlichen Vorschriften (§§ 115, 116 dieses Gesetzes). In Preußen sind darnach die Hauptzollämter, die Stempelsteuerämter und als vorgesetzte Behörden (Direktivbehörden) die Oberzolldirektionen

zuständig. (Ausführungsbestimmungen zum Preußischen Landesstempelgesetz vom 16. August 1910, Ziff. 25). Wegen der Unzulässigkeit der Umwandlung in eine Freiheitsstrafe s. § 114.

§ 112.

Die auf Grund dieses Gesetzes zu verhängenden Strafen sind bei Genossenschaften und Aktiengesellschaften gegen die Vorstandsmitglieder, (1) bei Kommanditgesellschaften gegen die persönlich haftenden Gesellschafter, bei offenen Handelsgesellschaften gegen die Gesellschafter nur im einmaligen Betrage, jedoch unter Haftbarkeit jedes einzelnen als Gesamtschuldner festzusetzen. Ebenso ist in anderen Fällen zu verfahren, in denen bei einem Geschäfte mehrere Personen als Vertreter desselben Kontrahenten oder als gemeinschaftliche Kontrahenten beteiligt sind.

(1) Es ist anzunehmen, daß auch bei Versicherungsvereinen auf Gegenseitigkeit die Strafen gegen die Vorstandsmitglieder festzusetzen sind, da diese hier eine ähnliche Stellung einnehmen wie bei Aktiengesellschaften (§ 34 des Reichsgesetzes über die privaten Versicherungsunternehmungen).

§ 113.

Hinsichtlich des administrativen Strafverfahrens wegen der Zuwiderhandlungen gegen dieses Gesetz, der Strafmilderung und des Erlasses der Strafe im Gnadenwege, der Vollstreckung der Strafe sowie der Verjährung der Strafverfolgung finden die Vorschriften in §§ 23, 24 des Wechselstempelgesetzes vom 15. Juli 1909 sinngemäße Anwendung. (1)

(1) Nach dem § 23 des Wechselstempelgesetzes verjährt die Strafverfolgung von Hinterziehungen in 5 Jahren, von anderen Zuwiderhandlungen in einem Jahr. Die Verjährung beginnt bei sinngemäßer Anwendung mit dem Schlusse des Jahres, in dem die Prämie gezahlt wurde. Wird die Verjährung unterbrochen, so beginnt eine neue Verjährung nicht vor dem Schluß des Jahres, in welchem die Unterbrechung stattgefunden hat.

§ 24 des Wechselstempelgesetzes verweist auf die Vorschriften, nach welchen sich das Verfahren wegen Vergehen gegen die Zollgesetze richtet. Diese, besonders § 165 des Vereinszollgesetzes vom 1. Juli 1869, nehmen ihrerseits Bezug auf die Landesgesetze. Daneben gelten die §§ 459—469 der RStPO. Für Preußen kommt als Landesgesetz besonders in Frage das Gesetz betreffend das Verwaltungsstrafverfahren bei Zuwiderhandlungen gegen die Zollgesetze und die sonstigen Vorschriften über indirekte Reichs- und Landesabgaben von 26. Juli 1897 nebst Ausführungsvorschriften vom 29. September 1897; in Bayern ist das Verfahren geregelt durch die Art. 85 bis 97 des Ausführungsgesetzes zur Reichsstrafprozeßordnung vom 1. Februar 1877 (s. auch Erläuterungen zu § 103).

§ 114.

Die Verwandlung einer Geldstrafe, zu deren Zahlung der Verpflichtete unvermögend ist, in eine Freiheitsstrafe findet nicht statt. Auch darf zur Beitreibung von Geldstrafen ohne Zustimmung des Verurteilten, wenn dieser ein Deutscher ist, kein Grundstück subhastiert werden.

§ 115.

Unter den in diesem Gesetz erwähnten Behörden und Beamten sind, soweit das Gesetz nichts anderes bestimmt, die betreffenden Landesbehörden und Landesbeamten verstanden.

Welche dieser Behörden und Beamten die in dem Gesetze als zuständig bezeichneten sind, bestimmen, sofern das Gesetz nichts anderes verfügt, die Landesregierungen.

Den letzteren liegt auch die Kontrolle über die betreffenden Behörden und Beamten ob.

§ 116.

Die in den einzelnen Bundesstaaten mit der Beaufsichtigung des Stempelwesens beauftragten Behörden und Beamten haben die ihnen obliegenden Verpflichtungen mit den gleichen

Befugnissen, wie sie ihnen hinsichtlich der nach den Landesgesetzen zu entrichtenden Stempelabgaben zustehen, auch hinsichtlich der in diesem Gesetze bestimmten Abgaben wahrzunehmen.

Der Prüfung in bezug auf die Abgabenentrichtung unterliegen ..... diejenigen Gesellschaften, welche Versicherungen (Nummer 12 des Tarifs) übernehmen oder vermitteln oder ermächtigt sind, für den Versicherer Zahlungen entgegenzunehmen. (1) ....

Den revidierenden Beamten sind alle bezüglichen Schriftstücke und erforderlichenfalls auch die Geschäftsbücher zur Einsicht vorzulegen. (2)

Von anderen als den im Abs. 2 bezeichneten Personen (3) kann die Steuerdirektivbehörde (4) die Einreichung der auf bestimmt zu bezeichnende (5) abgabepflichtige Geschäfte bezüglichen Schriftstücke (6) verlangen.

(1) Der Prüfung unterliegen hiernach die Versicherer, soweit sie ihren Betrieb auf abgabepflichtige Versicherungen erstrecken, deren Generalagenturen, Agenturen, Akquisiteure, ferner selbständige Makler, welche gewerbsmäßig abgabepflichtige Versicherungen vermitteln.

(2) Die Vorlage kann auf Antrag innerhalb der Geschäftsräume des zu Prüfenden verlangt werden. Dem Prüfungsbeamten ist ein angemessener Raum oder Arbeitsplatz zur Verfügung zu stellen. (§§ 199, 221 Abs. 4 d. Ausführungsbestimmungen).

(3) Versicherungsnehmer oder Dritte.

(4) Das sind in Preußen die Oberzolldirektionen, in Bayern die Regierungsfinanzkammern, in Sachsen die Generalzolldirektion, in Württemberg das Steuerkollegium, Abteilung für direkte Steuern.

(5) Es wird verlangt werden müssen, daß der einzelne Versicherungsvertrag mit hinreichender Genauigkeit bezeichnet wird, besonders durch Angabe von Versicherungsnehmer und Versicherungsgegenstand.

(6) Versicherungsdokumente und Korrespondenzen.

§ 119.

Bezüglich der Vollstreckbarkeit und des Vollstreckungsverfahrens werden die Reichsstempelabgaben den Landesabgaben gleich geachtet.

§ 122.

Jedem Bundesstaate wird von der jährlichen Einnahme, welche in seinem Gebiet aus dem Verkaufe von Stempelmarken oder gestempelten Blanketts oder durch bare Einzahlung von Reichsstempelabgaben erzielt wird, mit Ausnahme der Steuer von Losen der Staatslotterien, der Betrag von zwei Prozent aus der Reichskasse gewährt.

Außerdem wird aus dem in dem einzelnen Bundesstaat aufgekommenen Ertrage der Abgabe nach den Tarifnummern 1 A, 12 diesem Bundesstaate bis zum 31. März 1915 die Durchschnittseinnahme vergütet, welche in den letzten drei Jahren vor Inkrafttreten des Gesetzes aus den durch § 7 Abs. 1, § 105 Abs. 1 aufgehobenen Abgaben erzielt ist. (1) **Die näheren Anordnungen über die Feststellung der Durchschnittseinnahme und die Verrechnung dieses Entschädigungsbetrags trifft der Bundesrat.**

(1) Aus der Besteuerung der Gesellschaftsverträge und Versicherungen haben die Bundesstaaten vielfach nicht unerhebliche Erträge erzielt, für deren Wegfall ein Ausgleich durch Eröffnung neuer oder Erweiterung bestehender Einnahmequellen auf dem Wege der Landesgesetzgebung zu schaffen sein wird. Um hierzu Gelegenheit zu haben, ohne daß inzwischen der einzelstaatliche Haushalt störend beeinflußt wird, ist für eine Übergangszeit die bisherige Durchschnittseinnahme zunächst in vollem Betrage, späterhin in halber Höhe sichergestellt. (Begründung S. 32).

Der Entwurf sah vor, daß aus dem Ertrag der Abgabe nach den Tarifnummern 1 und 12 den Bundesstaaten die Durchschnittseinnahme, welche in den letzten drei Jahren vor Inkrafttreten des Gesetzes aus den durch § 7, Absatz 1 und § 90 i, Absatz 1 (§ 105 des Ges.) aufgehobenen Abgaben erzielt worden war, für die Zeit bis zum 30. September 1916 in vollem Betrage und für die Zeit bis zum 30. September 1919 in halbem Betrage vergütet werden sollte. Die näheren Anordnungen über die Feststellung der Durchschnittseinnahme und die Verrechnung des Entschädigungsbetrages sollte der Bundesrat treffen. In den Kommissionsverhandlungen wurde trotz des lebhaften Widerspruchs seitens der Bundesratsbevollmächtigten von Bayern, Württemberg, Sachsen und Hessen die Zeit, während welcher den Bundesstaaten für die ihnen verloren gehenden Stempeleinnahmen aus dem Ertrage des Reichsstempels Ersatz zu leisten ist, wesentlich verkürzt. Auch wurde in der Kommission für den Reichshaushaltsetat festgestellt, die Vorschrift des § 122 sei dahin zu verstehen, daß die Entschädigung an die Bundesstaaten jeweils nur aus dem in dem betreffenden Bundesstaat aufgekommenen Ertrage der Tarifnummer 1 A oder 12 vergütet werden dürfe, daß also ein Abmangel des Aufkommens in der einen Tarifnummer nicht durch einen Überschuß des Aufkommens in der anderen Tarifnummer gedeckt werden dürfe. (Komm.-Bericht S. 14).

Schlußbestimmungen.

§ 124.

Dieses Gesetz tritt mit dem 1. Oktober 1913 in Kraft. (1) Für das Gebiet der Insel Helgoland wird der Zeitpunkt des Inkrafttretens des Gesetzes durch Kaiserliche Verordnung unter Zustimmung des Bundesrats festgesetzt.

(1) Das hat die Bedeutung, daß alle Versicherungen, für welche nach dem 30. September 1913 eine Prämie gezahlt wird, unter das Reichsstempelgesetz fallen, sofern nicht der Zeitraum, auf den sich die Zahlung bezieht, vor dem Inkrafttreten des Gesetzes schon abgelaufen war. Der Stempel ist bei der Zahlung der ersten Prämie nach dem 30. September 1913 für die Zeit zu entrichten, auf welche sich die Prämienzahlung bezieht. Dabei ist es gleichgiltig, ob die Prämienzahlung auf Grund eines Versicherungsscheins, Nachtrags oder einer Prämienquittung erfolgt. Bei der Feuerversicherung kommen Nachträge allerdings nur in Betracht, soweit sie eine Erhöhung der Versicherungssumme oder eine Verlängerung der Versicherungsdauer beurkunden (s. auch Anm. 2 und 11a zum Tarif).

Weitere Übergangsbestimmung s. § 106.

III. Ausführungsbestimmungen.

A. Ausführungsbestimmungen des Bundesrats vom 15. September 1913.

XII. Versicherungen.

Zur Tarifnummer 12 und zu den §§ 97 bis 106 des Gesetzes.

§ 194.

1. Inländische Versicherer (1) *haben bei Inkrafttreten des Gesetzes* (2) *oder bei Eröffnung des Geschäftsbetriebs der Direktivbehörde,* (3) *in deren Bezirk sie ihren Sitz oder ihre geschäftliche Niederlassung, ihren Wohnsitz oder dauernden Aufenthalt haben, anzuzeigen, ob sie die Erfüllung der Steuerpflicht selbst übernehmen oder den zur Empfangnahme von Prämienzahlungen ermächtigten Personen (Bevollmächtigten) übertragen wollen. In der Anzeige sind alle Bevollmächtigten des Versicherers, denen die Erfüllung der Steuerpflicht übertragen ist, unter genauer Angabe ihres Sitzes usw. und des Umfanges,* (4) *in dem ihnen die Erfüllung der Steuerpflicht übertragen ist, aufzuzählen. Von allen eintretenden Veränderungen ist der Direktivbehörde Anzeige zu erstatten.*

2. Gemäß den eingegangenen Anzeigen verständigen die Direktivbehörden die beteiligten Steuerstellen (5) *und Prüfungsbeamten des Bezirkes darüber, ob die Versicherer selbst oder durch Bevollmächtigte der Steuerpflicht genügen werden. Ebenso benachrichtigen sie auf Grund der eingegangenen Anzeigen, soweit es sich um außerhalb ihres Bezirkes bestellte Bevollmächtigte der Versicherer handelt, die zuständigen Direktivbehörden (auch fremder Bundesstaaten), die ihrerseits wiederum die beteiligten Steuerstellen und Prüfungsbeamten ihres Bezirks verständigen.*

3. Geht der Steuerstelle keine Mitteilung von der Direktivbehörde zu, so hat sie sich wegen der Entrichtung der Abgabe zunächst (6) *an den Versicherer oder an den Bevollmächtigten zu halten, der in ihrem Bezirke seinen Sitz oder seine geschäftliche Niederlassung, seinen Wohnsitz oder dauernden Aufenthalt hat.*

4. Die vorstehenden Bestimmungen (Abs. 1 bis 3) sind sinngemäß auf diejenigen inländischen Geschäftsstellen ausländischer Versicherer anzuwenden, denen die Leitung der Geschäfte im Inland übertragen ist.

5. Die Abgabe ist zu entrichten

a) an die Steuerstelle, in deren Bezirke der Versicherer oder dessen Bevollmächtigter seinen Sitz, seine geschäftliche Niederlassung, seinen Wohnsitz oder dauernden Aufenthalt hat; bei Vorlegung der Aufstellung (des Versicherungsstempelbuchs),

b) in Fällen des § 101 Abs. 2 des Gesetzes an diejenige Steuerstelle, in deren Bezirke der Versicherungsnehmer seinen Sitz, seine geschäftliche Niederlassung, seinen Wohnsitz oder dauernden Aufenthalt hat, oder in deren Bezirke die versicherten Gegenstände sich befinden, bei Vorlegung der Anzeige (Anmeldung).

(1) Ihnen werden durch § 194 Absatz 4 diejenigen inländischen Geschäftsstellen ausländischer Versicherer gleichgestellt, denen die Leitung der Geschäfte im Inland übertragen ist. Für sonstige ausländische Versicherer gilt die Vorschrift des § 198.

(2) Mit dem 1. Oktober 1913. Eine Frist für die Erstattung der Anzeige ist in den Ausführungsbestimmungen nicht gesetzt.

(3) Betr. Direktivbehörden vergl. § 116 Anm. 4.

(4) Der Umfang kann örtlich begrenzt werden, indem einem Bevollmächtigten die Erfüllung der Steuerpflicht für einen bestimmten Bezirk übertragen wird, aber auch sachlich, indem ihm beispielsweise nur die Anfertigung der Aufstellungen übertragen wird, während die Vorlage und Abführung der Beträge der Versicherer sich selbst vorbehält.

(5). Das sind in Preußen die Hauptzollämter und Stempelsteuerämter, in Bayern die Kreiskassen, in Sachsen die Hauptzollämter, in Württemberg die Bezirkssteuerbehörden.

(6) Es genügt aber der Nachweis, daß ein anderer die Abgabe schon entrichtet hat, um den zunächst Angegangenen von Weiterungen zu befreien.

§ 195.

1. Die Aufstellungen sind von den nach § 97 des Gesetzes hierzu verpflichteten Versicherern oder den zur Empfangnahme von Prämienzahlungen ermächtigten Personen (Bevollmächtigten) in der Weise herzustellen, daß jede Zahlung, die im Laufe eines Kalendermonats als Entgelt für die Übernahme einer Versicherung der in Tarifnummer 12 A bis D bezeichneten Art geleistet wird, (1) *in ein für jeden Kalendermonat neu anzulegendes Versicherungsstempelbuch* (2) *nach Muster 34 eingetragen wird.*

2. Zahlungen des Entgelts für die Übernahme der nach Tarifnummer 12 befreiten Versicherungen bedürfen der Aufnahme in das Versicherungsstempelbuch nicht, soweit sie besonders derart nachgewiesen werden, daß der Grund der Befreiung erkennbar ist. (3)

3. Mehrere Zahlungen eines Versicherungsnehmers innerhalb eines Monats auf Grund einer Versicherung können in einer Summe zusammengefaßt werden. (4)

(1) Selbstverständlich können nur diejenigen Zahlungen eingetragen werden, von denen der das Stempelbuch Führende bis zum Abschluß des Buches Kenntnis erhält. Führt ein Agent eine im Laufe eines Monats gezahlte Prämie erst nach dem Schluß des Stempelbuches an die zur Führung des Buches zuständige Stelle ab, so kann die Eintragung erst in das nächste Stempelbuch erfolgen. Eine Bestrafung auch nur nach § 111 kann hier nicht stattfinden.

(2) Statt der Führung des Versicherungs-Stempelbuches, die in manchen Versicherungszweigen undurchführbar ist, kann auch die Verwendung anderer über die Versicherung geführter

Bücher oder das Abrechnungsverfahren zugelassen werden. (§§ 200, 201 der Ausführungsbestimmungen.)

(3) Darnach erübrigt sich die Eintragung von Versicherungen bis zu 3000 Mk. Auch Valorenversicherungen und Rückversicherungen sowie Versicherungen mit ausländischen Versicherungsnehmern bedürfen hiernach der Aufnahme in das Versicherungsstempelbuch nicht, wenn sie in besonderen Registern, die nur für diese von der Stempelpflicht befreiten Versicherungen geführt werden, zusammengestellt werden.

(4) Diese Bestimmung nimmt besonders auf die wöchentliche Prämienzahlung Bezug. Auch wenn etwa bei monatlicher Prämienzahlung 2 Monatsraten in einem Monat entrichtet werden, sei es, daß der Versicherungsnehmer eine der beiden Raten nach oder vor ihrem Fälligkeitstermin zahlt, so ist die Zusammenfassung beider Zahlungen in eine Summe erlaubt.

§ 196.

1. Für jeden Versicherungszweig (Feuerversicherung, Einbruchsdiebstahlversicherung, Glasversicherung, Transportversicherung, Lebensversicherung) ist ein besonderes Versicherungsstempelbuch zu führen. (1)

2. Abweichungen von dem Muster 34 sind insoweit zulässig, als die in ihm vorgesehenen Angaben für die Berechnung der Abgabe nicht in Betracht kommen. (2)

3. Die Direktivbehörden können vorschreiben, daß auch innerhalb eines Versicherungszweiges für jede von mehreren Versicherungsarten ein besonderes Versicherungsstempelbuch (3) *zu führen ist.*

4. Für die Fälle, in denen mehrere Versicherer eine Versicherung für denselben Versicherungsnehmer in der Weise gemeinschaftlich übernehmen, daß jeder von ihnen aus der Versicherung zu einem bestimmten Anteil berechtigt und verpflichtet ist, (4) *können die Direktivbehörden zulassen, daß für die Versicherungen von den Versicherern oder einem für sie tätigen Makler ein gemeinsames Versicherungsstempelbuch geführt wird.* (5)

(1) Die Trennung eines Zweiges in mehrere Versicherungs-Stempelbücher nach räumlichen und sachlichen Merkmalen ist zulässig. Andererseits können nichtstempelpflichtige Nebenzweige mit stempelpflichtigen Versicherungszweigen verbunden werden, wie z. B. Mietverlust- mit Feuerversicherung, Beraubungs- mit Einbruchdiebstahlversicherung.

(2) So kommen z. B. der Gegenstand und die Dauer der Versicherung, sowie der Zeitraum, für welchen die Prämien bezahlt werden, bei der Einbruchdiebstahl- und Glasversicherung nicht in Betracht; auch der Angabe der Versicherungssumme bedarf es hier vom Standpunkte der Stempelsteuerberechnung aus nicht. Schließlich kann auch der Steuersatz weggelassen werden, weil er für alle überhaupt stempelpflichtigen Versicherungen gleich hoch ist und seine Angabe daher für die Berechnung der Abgabe nicht nötig ist. Das Stempelbuch für die Einbruchdiebstahl- und Glasversicherung kann sich hiernach auf die Rubriken 1, 2, 6, 8 und 9 des Musters 34 beschränken.

Bei der Feuerversicherung kann nur die Spalte 6 des Musters entbehrt werden. Von Einträgen in die Spalte 7 kann dann abgesehen werden, wenn ein Versicherer überhaupt oder in dem Bezirk, für welchen das Stempelbuch geführt wird, nur unbewegliche oder nur bewegliche Gegenstände übernimmt.

Bei der Transportversicherung können die Spalten 4 und 5 des Musters 34 fortfallen. Weiter kann dann, wenn besondere Versicherungsstempelbücher für Kasko- und Baurisiken-Versicherungen einerseits und sonstige Transportversicherungen anderseits eingerichtet werden (siehe Abs. 3 dieses Paragraphen), die Spalte 7 weggelassen werden.

Für die Lebensversicherung kommt die Rubrik 3 in Muster 34 (Gegenstand der Versicherung) nicht in Betracht. Ebensowenig Rubrik 4 (Dauer der Versicherung und Zeitraum, für welchen die Zahlung geleistet wird), da sich die Dauer der Versicherung häufig überhaupt nicht angeben läßt und diese Angaben zur Berechnung der Abgabe nicht erforderlich sind. Weiter fällt die Spalte 5 fort (Betrag der Versicherungssumme), denn die Steuer wird vom Prämienbetrage erhoben, und nach § 195 Ziffer 2 brauchen steuerfreie Versicherungen nicht in das Versicherungsstempelbuch aufgenommen zu werden. Auch die Spalte 7 des Versicherungsstempelbuches ist überflüssig, da für alle Lebensversicherungen, gleichviel welcher Art, ein Stempel von $^1/_2$% der Barprämie in Anrechnung kommt. Der Lebensversicherer kann sich im Versicherungsstempelbuch mit den Spalten 1, 2, 6, 8 und 9 begnügen.

(3) Dies kommt nur für die Feuer- und Transport-Versicherung in Frage, dagegen nicht für die Einbruchdiebstahl-, Glas- und Lebensversicherung. Die Einrichtung besonderer Versicherungsstempelbücher für Kasko- und Baurisiken-Versicherungen einerseits und sonstige Transportversicherungen anderseits kann hiernach von den Direktivbehörden vorgeschrieben werden. Es empfiehlt sich für die Versicherungsgesellschaften aber, auch wenn solche Vorschriften nicht erlassen werden, freiwillig besondere Bücher für diese beiden Arten der Transportversicherung einzurichten, um dadurch die Stempelberechnung zu erleichtern.

(4) Sogenannte pro rata-Beteiligung.

(5) Diese Bestimmung hat besondere Bedeutung für die Seebörsenplätze, an denen vielfach 30—40 Versicherer an einer Versicherung beteiligt sind. Aber es kommt auch vor, daß Agenturen für mehrere Gesellschaften arbeiten und Versicherungen für die von ihnen vertretenen Gesellschaften gemeinschaftlich übernehmen. Dieser Fall ist zwar in der Fassung des § 196 Abs. 4 nicht ausdrücklich berücksichtigt. Es unterliegt aber keinem Zweifel, daß in einem solchen Falle nicht die Versicherer selbst das gemeinsame Versicherungsstempelbuch zu führen brauchen, sondern daß dasselbe auch durch den Agenten als dem Bevollmächtigten der mehreren Versicherer (§ 97 Abs. 3 des Gesetzes) geführt werden kann.

§ 197.

1. Die Versicherungsstempelbücher sind in Spalte 8 aufzurechnen, von dem zu ihrer Einreichung Verpflichteten unter der Versicherung der Richtigkeit und Vollständigkeit der darin gemachten Angaben zu unterschreiben und spätestens bis zum Schluß des folgenden Kalendermonats (1) *der zuständigen Steuerstelle vorzulegen.* (2)

2. Zugleich ist der Steuerstelle eine Nachweisung nach Muster 35 einzureichen, welche die Zahl der Eintragungen in das Versicherungsstempelbuch und den Gesamtbetrag der abzuführenden Abgabebeträge enthält.

3. Sind in einem Versicherungszweige der in Tarifnummer 12 A bis D bezeichneten Art Zahlungen nicht geleistet worden, so ist Fehlanzeige zu erstatten. (3)

(1) Also spätestens 30 Tage nach Schluß des Kalendermonats, auf den sich die Eintragungen im Versicherungsstempelbuch beziehen.

(2) Die Versicherungsstempelbücher sind vorzulegen. Abschrift wird nicht verlangt.

(3) Die Fehl-Anzeige kann sich auf die Konstatierung beschränken, daß Zahlungen auf stempelpflichtige Versicherungen in dem betreffenden Monat nicht erfolgt sind.

§ 198.

Im Falle des § 101 Abs. 1 des Gesetzes finden die Bestimmungen der §§ 195 bis 197 mit der Maßgabe Anwendung, daß die Aufstellungen halbmonatlich (für die Zeit vom 1. bis einschließlich 15. und vom 16. bis zum Schlusse jedes Kalendermonats) zu führen und binnen 14 Tagen nach Ablauf des Zeitraums einzureichen sind, für den sie geführt werden.

§ 199.

1. Die Steuerstelle prüft die Eintragungen in das Versicherungsstempelbuch, stellt den Gesamtstempelbetrag fest, vereinnahmt ihn und bescheinigt den Empfang auf der Aufstellung (Muster 34) und auf der Nachweisung (Muster 35) unter Angabe der Nummer des Einnahmebuchs. Der Steuerstelle sind auf Verlangen die den Eintragungen in das Versicherungsstempelbuch zugrunde liegenden Urkunden, Geschäftsbücher und Schriftstücke zur Einsicht vorzulegen. Auf Antrag kann die Vorlegung und Prüfung in den Geschäftsräumen des Versicherers oder des Bevollmächtigten geschehen. (1)

2. Das Versicherungsstempelbuch ist zurückzugeben, die Nachweisung oder Fehlanzeige als Beleg zum Anmeldungsbuche zu nehmen.

3. Die Versicherungsstempelbücher sind nach den einzelnen Versicherungszweigen und jahrgangsweise nach der Reihenfolge der Monate geordnet aufzubewahren (2) *(§ 102 des Gesetzes).*

(1) Lediglich auf besonderes Verlangen der Steuerstelle sind ihr neben dem Versicherungsstempelbuch vom Versicherer auch die dazugehörigen Urkunden, Geschäftsbücher usw. zur Einsicht vorzulegen. Da die Vorlage der Geschäftsbücher für die Versicherer in der Praxis nicht nur umständlich, sondern in Rücksicht auf die Aufrechterhaltung eines geordneten Geschäftsbetriebes vielfach nicht möglich sein wird, werden die Versicherer in solchem Falle von der ihnen im § 199, Absatz 1, letzter Satz gegebenen Möglichkeit Gebrauch machen, nämlich bei der Steuerstelle beantragen, daß die Vorlegung und Prüfung der Geschäftsbücher in den Geschäftsräumen des Versicherers erfolgt.

(2) Die Aufbewahrung hat bei dem Versicherer bezw. dessen Bevollmächtigten, und zwar gemäß § 102 des Gesetzes 5 Jahre lang vom Schlusse des Jahres ab, in welchem die Abgabe entrichtet ist, zu erfolgen.

§ 200.

1. Auf Antrag (1) *kann* (2) *zugelassen werden, daß als Aufstellung (§§ 195 bis 199) andere über die Versicherungen geführte Bücher oder Listen* (3) *(z. B. Versicherungsverzeichnisse, Borderos, Prämien-Stornoregister) verwendet werden, sofern für jeden Versicherungszweig (§ 196 Abs. 1) besondere Bücher oder Listen geführt werden und in diesen die für die Berechnung der Abgabe und für die Festhaltung der Versicherung erforderlichen Angaben enthalten sind. Hierbei kann die Aufstellungszeit (§ 195 Abs. 1, § 198) bis zu einem Vierteljahre verlängert werden.* (4) *Auch kann zugelassen werden, daß die abzuführende Abgabe nach dem Sollbetrage* (5) *des Versicherungsentgelts — in den Fällen der Tarifnummer 12 A der Versicherungssumme — bemessen und der*

Abgabebetrag für nicht eingegangene Zahlungen (6) *in einer der nächstfolgenden Aufstellungen abgesetzt wird.* (7)

2. Über den Antrag entscheidet die oberste Landesfinanzbehörde des Bundesstaates, in dem der Versicherer, der Bevollmächtigte oder im Falle des § 196 Abs. 4 der Makler seinen Sitz, seine geschäftliche Niederlassung, seinen Wohnsitz oder dauernden Aufenthalt hat. (8) *Die oberste Landesfinanzbehörde kann ihre Befugnisse der Direktivbehörde übertragen.*

(1) Das normale Stempelerhebungs- und Abführungsverfahren dieses Gesetzes ist die Benutzung des Versicherungsstempelbuches. (Gemäß § 195—199.) An Stelle dieses Verfahrens kann auf Antrag des Versicherers zugelassen werden, daß als Aufstellung andere Bücher oder Listen benutzt werden, wie sie im Geschäftsbetrieb des Versicherers vorkommen. Hierbei kommen insbesondere in Betracht die Prämienregister, die Versicherungsverzeichnisse, Veränderungs- und Stornoregister. Voraussetzung ist, daß sie für jeden Versicherungszweig gesondert geführt werden. Weiter ist Vorbedingung für die Benutzung der Prämienregister usw., daß in ihnen die für die Berechnung der Abgabe und für die Festhaltung der Versicherung erforderlichen Angaben enthalten sind. Keineswegs werden weitergehende Angaben verlangt werden dürfen, als sie das Versicherungsstempelbuch selbst fordert. (Vergl. § 195 und Muster 34.)

(2) Ein Zwang für die Behörde, den Antrag zu genehmigen, besteht nicht, eine Ablehnung ohne zwingende Gründe wird aber nicht im Sinne der Ausführungsbestimmungen liegen.

(3) Der Antrag wird sich da empfehlen, wo die schon aus Geschäftsrücksichten zu führenden Verzeichnisse und Register den Anforderungen der Ausführungsbestimmungen ohnedies entsprechen oder ihnen ohne besondere Mühe und Kosten angepaßt werden können.

(4) Die Aufstellungszeit umfaßt normal einen Monat (vergl. § 195 d. Ausf.-Best.). Diese Frist kann auf Antrag des Versicherers von der Steuerbehörde auf 3 Monate ausgedehnt werden. Die Verlängerung der Aufstellungszeit ist aus

dem Grunde erforderlich, weil die Verzeichnisse usw. auch die einstweilen nur zu Soll gestellten Prämienzahlungen enthalten, die in Wirklichkeit noch nicht eingegangen sind. Der Versicherer müßte sonst die Abgabe stets etwa um einen Monat im voraus bezahlen, was bei der Größe der in Frage kommenden Beträge immerhin einen erheblichen Zinsverlust bedeuten würde.

Die Verlängerung der Aufstellungszeit für die über die Versicherung geführten Bücher oder Listen bis zu einem Vierteljahr hat besondere Bedeutung für Hamburg, wo nach den zur Zeit in der Praxis herrschenden Gepflogenheiten monatliche Aufstellungen nicht durchführbar sein würden.

Wird der im Schlußsatz enthaltenen Ermächtigung gemäß die Abgabe nach dem Soll-Betrage des Versicherungsentgelts bemessen, so kann der Abgabebetrag für nicht eingegangene Zahlungen auch in dem bereits im ersten Satz erwähnten besonderen Stornoregister abgesetzt werden.

(5) Das Normale ist gemäß § 195, daß die Aufstellungen alle wirklich eingegangenen Prämienzahlungen enthalten. Angesichts der insbesondere in der Lebensversicherung langen Respektsfristen und mit Rücksicht auf die Vermittlung des Inkassos durch Agenten für die Prämienzahlung gestattet der § 200 auf Antrag des Versicherers diesem, in die Aufstellung den Sollbetrag der Prämien aufzunehmen.

(6) Dieser Fall ist anders zu beurteilen, als der in den §§ 206 f. geregelte. Hier handelt es sich um nicht eingegangene Zahlungen, für welche bei dem gewöhnlichen Verfahren eine Abgabe nicht entrichtet worden wäre, in den §§ 206 f. um Abgaben, welche zunächst fällig geworden waren, welche aber nicht zu erheben gewesen wären, wenn die tatsächliche Gestaltung des Versicherungsverlaufes von vornherein festgestanden hätte.

(7) Wird die Abgabe nach dem Sollbetrag bemessen und in dieser Höhe zunächst an die Steuerbehörde abgeführt, so muß, da die tatsächliche Prämieneinnahme infolge von Ausfällen beim Prämieninkasso hinter der Solleinnahme in der Regel zurückbleibt, auch an der Steuer, die vom Sollbetrag berechnet worden ist, eine Korrektur vorgenommen werden. Diese Korrektur er-

folgt dadurch, daß in einer der nächsten Aufstellungen der Abgabebetrag für die nicht eingegangenen Prämienzahlungen von der fälligen Steuersumme in Abzug gebracht wird.

(8) Hiernach kann der Antrag für die verschiedenen Bevollmächtigten ein und desselben Versicherers in verschiedener Weise entschieden werden, wenn dieser die Erfüllung der Steuerpflicht seinen Geschäftsstellen überträgt.

§ 201.

1. Sofern eine den Vorschriften des Tarifs entsprechende Berechnung der Abgabe und eine hinreichende amtliche Nachprüfung gewährleistet erscheint, kann auf Antrag (1) *gestattet werden, daß die Abgabe nach dem Ergebnis des Vorjahrs in monatlichen Teilbeträgen an die Steuerstelle vorläufig gezahlt und längstens nach Abschluß des Geschäftsjahrs endgültig verrechnet wird.* (2)

2. In diesem Falle ist auf die zu entrichtende Stempelabgabe für jeden Kalendermonat bis zum 10. des folgenden Monats an die zuständige Steuerstelle eine Abschlagszahlung zu leisten. Deren Höhe wird von der zuständigen Steuerstelle festgesetzt und ist im annähernden Betrage der fälligen Stempelabgabe zu halten. In der Regel ist sie nach dem Geschäftsumfang im gleichen Monat des Vorjahrs, bei erheblichen Schwankungen nach dem durchschnittlichen Geschäftsumfange des Monats während der drei vorhergehenden Jahre zu veranschlagen. Bei neuen Unternehmungen ist der mutmaßliche Geschäftsumfang des Unternehmens maßgebend.

3. Nach Ablauf des Abrechnungszeitraums (3) *ist der Gesamtbetrag der bis dahin fällig gewordenen Abgabebeträge unter Abzug der Abgabebeträge für nicht eingelöste Prämienrechnungen buchmäßig festzustellen. Ergibt die endgültige Abrechnung einen Mehrbetrag gegenüber der Summe der Abschlagszahlungen, so ist dieser nachzuerheben; ergibt sie einen Minderbetrag, so ist der Unterschied bei der nächsten Abschlagszahlung anzurechnen.*

4. An Stelle der Versicherungsstempelbücher sind der Steuerstelle über die Abschlagszahlungen und über die end-

gültige Abrechnung spätestens drei Monate nach Ablauf des Abrechnungszeitraums Nachweisungen in doppelter Ausfertigung vorzulegen. Die Nachweisungen sind dem Muster 35 nachzubilden und können auf die Angabe der Summe der abzuführenden Abgabebeträge beschränkt werden. Bei der endgültigen Abrechnung sind die Versicherungsverzeichnisse, sowie andere Bücher oder Listen, auf welche sich die Abrechnung bezieht, und die Empfangsbestätigungen über die Abschlagszahlungen vorzulegen und mit der Nachweisung zu vergleichen. Die Empfangsbestätigungen über die Abschlagszahlungen sind als Beleg zum Anmeldungsbuche zu nehmen.

5. Die Steuerstelle vereinnahmt bei den Abschlagszahlungen den nachgewiesenen und festgesetzten Monatsbetrag, nimmt die eine Ausfertigung als Beleg zum Anmeldungsbuch und sendet die andere — mit Empfangsbestätigung und Angabe der Buchungsnummer versehen — zurück. Bei der endgültigen Abrechnung ist entsprechend zu verfahren.

6. Die Entscheidung darüber, ob die Voraussetzungen für die Abgabenentrichtung im Abrechnungsverfahren gegeben sind, trifft die oberste Landesfinanzbehörde des Bundesstaates, in dem der Versicherer, der Bevollmächtigte oder im Falle des § 196 Abs. 4 der Makler seinen Sitz, seine geschäftliche Niederlassung, seinen Wohnsitz oder dauernden Aufenthalt hat. Die oberste Landesfinanzbehörde erläßt die näheren Bestimmungen über das Verfahren.

(1) Der Antrag ist gemäß Abs. 6 an die oberste Landesfinanzbehörde des zuständigen Bundesstaats zu richten. Die Bewilligung des Antrages wird mit Rücksicht auf das den Versicherern durch den § 201 eingeräumte Vertrauen erst nach genauer Prüfung der besonderen Verhältnisse des Antragstellers erfolgen.

(2) Das Abrechnungsverfahren unterscheidet sich von dem nach § 200 zugelassenen dadurch, daß

a. die eigentliche Berechnung der Abgabe nicht monatlich oder vierteljährlich, sondern nur einmal im Jahre zu erfolgen hat, während in der Zwischenzeit nur monatliche Abschlagszahlungen stattfinden, deren Festsetzung nach leicht zu ermittelnden Grundlagen erfolgt;

b. die mit der endgiltigen Berechnung vorzulegenden Versicherungsverzeichnisse, Bücher oder Listen den Anforderungen des § 200 nicht zu entsprechen brauchen; besonders müssen sie nicht alle Angaben enthalten, die für die Berechnung der Abgabe in jedem einzelnen Falle erforderlich sind (zu vergl. aber auch § 222.

Für dieses Verfahren spricht seine Einfachheit und Billigkeit, dagegen der nicht geringe Zinsentgang, welchen der Versicherer gegenüber dem in § 200 zugelassenen Verfahren erleidet.

Nach § 220 hat die Prüfung von Versicherungsgesellschaften, denen das Abrechnungsverfahren gestattet ist, mindestens einmal jährlich zu geschehen, während sonst nur eine Prüfung in 3 Jahren vorgeschrieben ist.

Die Zulassung zum Abrechnungsverfahren kann zurückgenommen werden (§ 222).

(3) Als Abrechnungszeitraum muß gemäß Abs. 1 das Geschäftsjahr gelten. Nach Abschluß desselben erfolgt die endgiltige Abrechnung der Abgabe. Stellt sich hierbei heraus, daß durch die monatlichen Abschlagszahlungen zu wenig gezahlt worden ist, so ist der Fehlbetrag nachzuzahlen. Ist dagegen zu viel bezahlt, so wird der Überschuß bei der nächsten Abschlagszahlung angerechnet.

§ 202.

1. Die rechtzeitige Vorlegung der Versicherungsstempelbücher und der Nachweisungen ist von der Steuerstelle durch eine Liste nach Muster 36 zu überwachen. In diese Liste sind sämtliche Vereinigungen, Anstalten und nötigenfalls Personen aufzunehmen, welche Versicherungen übernehmen oder zur Entgegennahme von Zahlungen ermächtigt sind (§ 97 Abs. 2, 3, § 101 Abs. 1 des Gesetzes) und im Bezirke der Steuerstelle ihren Sitz, ihre geschäftliche Niederlassung, ihren Wohnsitz oder dauernden Aufenthalt haben.

2. In welcher Weise die Steuerstelle von den in ihrem Bezirke bestehenden Versicherungsunternehmungen oder deren Bevollmächtigten Kenntnis erhält, bestimmt die Landesregierung.

3. Ist die Vorlegung des Versicherungsstempelbuchs (Geschäftsbuchs usw.) oder der Nachweisungen oder die Erstattung einer Fehlanzeige nicht bis spätestens zehn Tage nach Ablauf der Vorlegungsfrist (1) *bewirkt worden, so hat die Steuerstelle den Versicherer oder dessen Bevollmächtigten zur Einreichung aufzufordern und auf die strafrechtlichen Folgen der Unterlassung hinzuweisen.* (2)

(1) Diese beläuft sich bei Verwendung des Versicherungsstempelbuchs auf 30 Tage, bei Benutzung der Prämienregister auf 1 bis 3 Monate nach Schluß des Monats, in dem die Prämie gezahlt wurde, bei Anwendung des Pauschalverfahrens auf 3 Monate nach Schluß des Abrechnungszeitraums, d. h. des Geschäftsjahres.

(2) Welche Strafen der Versicherer zu gewärtigen hat, geht aus den §§ 103, 111 des Gesetzes hervor.

§ 203.

1. Werden von einem ausländischen Versicherer, der im Inland weder einen Wohnsitz noch einen zur Entgegennahme von Zahlungen bevollmächtigten Vertreter hat, Versicherungen übernommen, welche im Inland befindliche Gegenstände betreffen oder mit Personen abgeschlossen sind, die im Inland ihren Sitz, ihre geschäftliche Niederlassung, ihren Wohnsitz oder dauernden Aufenthalt haben, so hat der Versicherungsnehmer jede Zahlung des Versicherungsentgelts (Prämien, Beiträge, Vor- oder Nachschüsse, Umlagen) bei derjenigen Steuerstelle, in deren Bezirk er seinen Sitz, seine geschäftliche Niederlassung, seinen Wohnsitz oder dauernden Aufenthalt hat oder in deren Bezirk die versicherten Gegenstände sich befinden, innerhalb einer Frist von 14 Tagen nach jeder Leistung des Versicherungsentgelts schriftlich anzumelden.

2. Die Anmeldung ist unter Verwendung des Vordrucks Muster 37 in doppelter Ausfertigung einzureichen. Die Vordrucke können von der Steuerstelle unentgeltlich bezogen werden.

§ 204.

1. Die Steuerstelle prüft alsdann die Anmeldung, stellt den Steuerbetrag fest und vereinnahmt ihn.

2. Von der Anmeldung ist die eine Ausfertigung als Beleg zum Anmeldungsbuche zu nehmen, die andere — mit Empfangsbekenntnis und Angabe der Buchungsnummer versehen — zurückzugeben.

§ 205.

1. Ergibt im Falle des § 203 die erste Anmeldung, daß der Versicherungsnehmer auf Grund des Versicherungsvertrags noch fernere Zahlungen zu leisten hat, so hat die Steuerstelle die Anmeldung der späteren Zahlungen durch eine Liste zu überwachen.

2. Die Liste muß die Nummer des Anmeldungsbuchs, unter der die erste Anmeldung eingetragen ist, den Namen und Wohnort des Anmeldenden und den Zeitpunkt der wiederkehrenden Zahlungen enthalten. In ihr sind die späteren Anmeldungen unter Verweisung auf die Nummer des Anmeldungsbuchs zu vermerken.

3. Werden die späteren Zahlungen nicht rechtzeitig angemeldet, so ist der Steuerpflichtige zur Anmeldung aufzufordern. Bei Änderung seines Sitzes, seiner geschäftlichen Niederlassung, seines Wohnsitzes oder dauernden Aufenthalts ist die alsdann zuständige Steuerstelle zu benachrichtigen.

§ 206.

Wird infolge vorzeitigen Aufhörens der Versicherung oder infolge Herabminderung der Versicherungssumme oder des Versicherungsentgelts dieses ganz oder zum Teil zurückgezahlt, (1) *so ist auf Antrag die Abgabe insoweit zu erstatten, als sie nicht zu erheben gewesen wäre, wenn der Eintritt der vorbezeichneten Umstände von vornherein festgestanden hätte.* (2)

(1) Die Bestimmung ist nicht ganz klar gefaßt. Nach dem Wortlaut hängt die Erstattung in allen Fällen von der Prämienrückgewähr ab, obwohl bei der Feuerversicherung die Prämienhöhe keinen Einfluß auf die Berechnung der Abgabe hat. Es ergäbe sich beispielsweise daher folgende Sachlage: Eine Mo=

biliar-Feuerversicherung wird in Höhe von 10 000 Mk. zur Prämie von 1‰ auf 5 Jahre mit Vorauszahlung abgeschlossen. Die Abgabe beträgt 7.50 Mk ohne Rücksicht auf die Höhe der Prämien. Wird nach einem Jahre die Versicherungssumme auf 5000 Mk. herabgesetzt, so werden nach dem Wortlaut der Bestimmung 3 Mk. erstattet, wenn ein Teil der Prämien zurückgewährt wird, dagegen nicht, wenn beispielsweise infolge gleichzeitiger Gefahrerhöhung und dadurch bewirkter Erhöhung des Prämiensatzes eine Prämienrückgewähr nicht stattfindet. Das kann dem Sinne des Gesetzes und vermutlich auch dem Willen des Bundesrates nicht entsprechen. Man wird daher zu dem Ergebnis kommen müssen, daß die Erstattung gewährt werden muß

a) bei der Feuerversicherung, wenn die Versicherungszeit abgekürzt oder die Versicherungssumme vermindert wird,

b) bei den übrigen Versicherungsarten, wenn die Barprämie, aus welcher die Abgabe berechnet wurde, ganz oder teilweise zurückgewährt wird.

(2) Zu erstatten ist der Unterschied zwischen der wirklich erhobenen Abgabe und der Abgabe, welche fällig geworden wäre, wenn die tatsächliche Gestaltung des Versicherungsverlaufes von vornherein festgestanden hätte.

Einige Beispiele mögen das Gesagte erläutern.

a) Eine Feuerversicherung wird für 10 300 Mk. unbewegliche Sachen und für 22 700 Mk. bewegliche Sachen auf 5 Jahre mit Vorauszahlung für die Zeit vom 1. Januar 1914 bis 1. Januar 1919 abgeschlossen. An Abgaben werden fällig für die unbeweglichen Gegenstände 5 × 55 Pf. = 2.75 Mk. und für die beweglichen 5 × 3.45 = 17.25 Mk. oder aufgerundet 17.30 Mk. Mit Wirkung vom 1. Oktober 1916 wird die Versicherungssumme für unbewegliche Gegenstände auf 8600 Mk. und für bewegliche auf 21 000 Mk. herabgesetzt. Hätte dies von Anfang an festgestanden, so wäre zu berechnen gewesen: 3 × 55 und 2 × 45 = 2.55 Mk., ferner 3 × 3.45 und 2 × 3.15 = 16.65 oder aufgerundet 16.70 Mk. Der Unterschied beträgt also für unbewegliche Gegenstände 20 Pf. und für bewegliche 60 Pf.

b) Eine Einbruchdiebstahlversicherung wird für die oben erwähnte Zeit in Höhe von 22700 Mk. mit Vorauszahlung zur Jahresprämie von $^3/_4$ $^0/_{00}$ abgeschlossen. Die Prämie beträgt bei Gewährung eines Freijahres 4 × 17.05 = 68.20 Mk., sohin die Abgabe 6.90 Mk. Wird die Versicherungssumme vom 1. Oktober 1916 auf 21000 Mk. herabgesetzt, so wird an Prämien rückvergütet 1.65 Mk., sodaß die endgültig gezahlte Prämie 66.55 Mk. beträgt. Hätte von Anfang an festgestanden, daß nur dieser Betrag erhoben wird, so hätte die Abgabe nur 6.70 Mk. betragen, die mehr erhobenen 20 Pf. sind demgemäß zurückzuerstatten.

c) Eine Mobiliarfeuerversicherung wird in Höhe von 10000 Mk. für die Zeit vom 1. Januar 1914 bis 1. Januar 1915 abgeschlossen, wofür 1.50 Mk. Reichsstempel erhoben wird. Am 1. April 1914 wird die Versicherung aufgehoben. Für die Zeit wären nur 45 Pf. erhoben worden, der Mehrbetrag von 1.05 Mk. ist daher zu erstatten. Wäre die Versicherungssumme auf 4000.— Mk. ermäßigt worden, so wären zu berechnen gewesen für 4000.— Mk. auf ein Jahr 60 Pf. und für 6000.— Mk. auf 3 Monate 30 Pf., hier werden also 60 Pf. erstattet.

Eine derartige Rückerstattung von Prämien kommt in der Lebensversicherung nur in Ausnahmefällen vor, z. B. dann, wenn ein Versicherungsnehmer aus irgendwelchen Gründen die laufende Prämie nicht für ein, sondern für mehrere Jahre im voraus entrichtet. Stirbt er vor Ablauf der Frist, für die er die Prämie entrichtet hat, so wird seinen Erben der unverdiente Teil der Prämie zurückgegeben. In diesem Fall wird auch eine Erstattung der auf diesen Prämienteil entrichteten Abgabe in Frage kommen. Die Erstattung kann unter Umständen auch eintreten, wenn beispielsweise der Versicherungsnehmer die Jahresprämie im voraus entrichtet, aber innerhalb der Respektfrist für die Prämienzahlung den Rückkaufswert fordert. Wird ihm in diesem Falle vom Versicherer die eben gezahlte Jahresprämie ganz oder teilweise zurückerstattet, so wäre auch hier die Möglichkeit für einen Antrag auf Rückerstattung der Stempelsteuer gegeben. Dagegen kommen die Versicherungen mit sogenannter Prämienrückgewähr hier nicht in Frage.

Antragsberechtigt ist derjenige, welcher die Abgabe an den

Staat bezahlte, also der Versicherer oder der von ihm mit der Abgabenentrichtung betraute Bevollmächtigte, im Falle des § 101 Abs. 1 des Gesetzes der Inkassobevollmächtigte, im Falle des Abs. 2 der gleichen Bestimmung der Versicherungsnehmer.

§ 207.

1. Über Anträge auf Erstattung (§ 206) entscheidet vorbehaltlich anderweiter Bestimmung der Landesregierung die Direktivbehörde. Dem Antrag ist nur zu entsprechen, wenn er innerhalb eines Jahres angebracht worden ist, nachdem der Antragsteller von den Tatsachen Kenntnis erhalten hat, auf die der Erstattungsantrag gestützt wird. Zur Begründung sind das Versicherungsstempelbuch (Muster 34), die an dessen Stelle tretenden Geschäftsbücher usw. (§ 200) oder die Anmeldung (Muster 37) beizufügen. Kann ihre Vorlegung nach Ablauf der im § 102 des Gesetzes vorgeschriebenen Aufbewahrungsfrist nicht mehr bewirkt werden, so ist die Entrichtung des Stempels auf andere Art nachzuweisen.

2. Die Erstattung ist im Versicherungsstempelbuch oder auf der Anmeldung zu vermerken.

3. Die näheren Bestimmungen über das Verfahren trifft die oberste Landesfinanzbehörde.

§ 208.

1. Für die Anmeldung der gemäß § 106 des Gesetzes abgabepflichtigen Zahlungen eines Versicherungsentgelts für Versicherungen in der Zeit vom 1. April 1913 bis zum Inkrafttreten des Gesetzes haben die Versicherer oder deren Bevollmächtigte den Vordruck (1) *für das Versicherungsstempelbuch (Muster 34), die Versicherungsnehmer den Vordruck für die Anmeldung einer Versicherung bei einem ausländischen Versicherer (Muster 37) unter entsprechender Änderung des Vordrucks zu benutzen.*

2. Der obersten Landesfinanzbehörde bleibt überlassen, im Einverständnis mit dem Reichskanzler (Reichsschatzamt) für die steuerliche Behandlung dieser Übergangsfälle besondere

Anordnungen zu treffen und hierbei zu gestatten, daß die Anmeldung und Entrichtung der nach § 106 des Gesetzes zu erhebenden Abgabe mit der Anmeldung und Abführung des nächstfälligen Abgabebetrags verbunden wird. (2)

(1) Für diese Übergangsfälle sieht der Gesetzgeber die Benutzung des Vordrucks für das Versicherungsstempelbuch vor. Die Anlegung eines besonderen Versicherungsstempelbuchs wird nicht gefordert.

(2) Man wird annehmen dürfen, daß die obersten Landesfinanzbehörden allgemein die Erlaubnis erteilen werden, daß die Anmeldung und Entrichtung der für die Übergangszeit zu erhebenden Abgaben mit der Anmeldung und Abführung des nächstfälligen Abgabebetrages verbunden wird. Denn andernfalls würden die Versicherungsgesellschaften zwecks Einziehung des Stempels mit den Versicherungsnehmern zeitraubende und unliebsame Korrespondenzen führen müssen, die vielfach in keinem Verhältnis zu dem Stempelbetrage stehen würden. Allerdings ist dies Verfahren nur möglich, soweit nach dem 1. Oktober 1913 noch Prämienzahlungen geleistet werden. Bei Rentenversicherungen, die in der Zeit zwischen dem 1. April und dem 1. Oktober 1913 mit einmaliger Prämienzahlung abgeschlossen wurden, müßte z. B. nachträglich eine besondere Einziehung des fällig werdenden Reichsstempels erfolgen, wenn dieser nicht ganz gegen den entrichteten Landesstempel aufgerechnet werden kann.

Muster 34.

(Ausführungsbestimmungen § 195.)

Versicherungsstempelbuch

für den Monat .... 19 ....

für die Zeit vom .... ten .... 19 ..... bis .... ten .... 19 .....[1])

de .... in ....

betreffend ....

(Versicherungszweig)

Laufende Nummer	Nummer des Versicherungsscheins	Gegenstand der Versicherung[2])	a. Dauer der Versicherung b. Zeitraum, für welchen die Zahlung geleistet wird[3])	Betrag: der Versicherungssumme (nur in dem Falle A der Tarifnummer 12 anzugeben) ℳ	₰	Betrag: des gezahlten Entgelts (Barprämie) (nur in den Fällen B, C und D der Tarifnummer 12 anzugeben) ℳ	₰	Steuersatz nach Tarifnummer 12	Fälliger Stempel ℳ	₰	Bemerkungen
1	2	3	4	5		6		7	8		9
								zusamm.			

Die Richtigkeit und Vollständigkeit der Eintragungen bescheinigt

...., den .... ten 19

(Unterschrift) ....

Geprüft und festgesetzt auf den Betrag von .... ℳ .... Pf., in Buchstaben

Dieser Betrag ist heute eingezahlt und im Einnahmebuch unter Nr. .... vereinnahmt worden.

...., den .... ten .... 19 ...

(Amtsstempelabdruck) (Amtsbezeichnung) ....

(Unterschrift) ....

---

[1]) Nicht Zutreffendes ist zu durchstreichen.

[2]) Der Angabe des Versicherungsgegenstandes bedarf es nur in den Fällen A und C der Tarifnummer 12.

[3]) Diese Angaben sind nur insoweit zu machen, als sie zur Berechnung der Abgabe nach Tarifnummer 12 A erforderlich sind.

Muster 35.

(Ausführungsbestimmungen § 197)

Eingegangen den ....ten 19
Nr. .... des Anmeldebuchs.
(Amtsstempelabdruck)

Nachweisung

der .... in

über

die in d Versicherungsstempelbuch [1])
(Benennung des Geschäftsbuches oder -registers)

für d........................ 19 ...... eingetragenen Versicherungen.

Laufende Nummer	Versicherungszweig	Zahl der Eintragungen	Betrag der nach Tarifnummer 12 abzuführenden Abgabebeträge M	₰	Bemerkungen
1	2	3	4		5
		zusammen			

in Buchstaben ....

, den ....ten .... 19....

(Unterschrift) ....

Geprüft und festgesetzt auf den Betrag von .... M .... Pf., in Buchstaben

Dieser Betrag ist heute eingezahlt und im Einnahmebuch unter Nr. .... vereinnahmt worden.

.............., den ....ten .... 19 ....

(Amtsstempelabdruck)

(Amtsbezeichnung) ....

(Unterschrift)

[1]) Nicht Zutreffendes ist zu durchstreichen.

Muster 36.
(Ausführungsbestimmungen § 202)

Liste

des .... amts zu ....
über die von Vereinigungen, Anstalten und Personen, welche Versicherungen übernehmen, vorzulegenden Aufstellungen (Versicherungsstempelbücher, Geschäftsbücher usw.) und Nachweisungen (§ 201 Abs. 4).

Dieses Buch enthält .... Blätter, *welche von einer mit dem Siegel des Unterzeichneten belegten Schnur durchzogen sind.*

................., den ......ten............... 19....

(Name) ....

(Dienststellung) ....

Geführt von

(Name) ....

(Dienststellung) ....

Anleitung.

1. Die Liste ist fortlaufend zu führen und dauernd bei der Hebestelle aufzubewahren.
2. Für die Eintragung jedes einzelnen Versicherers oder seines Bevollmächtigten und für jede der von ihm betriebenen Versicherungsarten ist eine Seite bestimmt.
3. Bei Abgang eines Versicherers oder seines Bevollmächtigten ist die Eintragung mit roter Tinte zu durchstreichen.
4. Die Verwendung von Schnur und Siegel ist nicht erforderlich, wenn es sich um fest gebundene Bücher mit fortlaufenden Blattzahlen handelt.

Muster 37.

(Ausführungsbestimmungen § 203)

Eingegangen den ....ten........................ 19 ....

Nr. .... des Anmeldebuchs

Nr. .... des Einnahmebuchs

(Amtsstempelabdruck)

Anmeldung
zur
Versteuerung einer Versicherung bei einem ausländischen Versicherer gemäß § 101 Abs. 2 des Reichsstempelgesetzes (Tarifnummer 12).

Laufende Nummer	a. Name, Stand und Wohnort des Versicherungsnehmers; b. Bezeichnung des Versicherers	Nummer des Versicherungsscheins und Gegenstand der Versicherung	Versicherungszweig	a. Dauer der Versicherung b. Zeitraum, für welchen die Zahlung geleistet wird c. Zahlungsart des Versicherungsentgelts (einmalig, jährlich wiederkehrend)	Betrag: der Versicherungssumme M	Betrag: der Versicherungssumme ₰	Betrag: des gezahlten Entgelts (Barprämie) M	Betrag: des gezahlten Entgelts (Barprämie) ₰	Steuersatz nach Tarifnummer 12	Fälliger Stempel M	Fälliger Stempel ₰
1	2	3	4	5	6		7		8	9	

Die Richtigkeit und Vollständigkeit bescheinigt

................................, den ....ten........................ 19 ....

(Unterschrift) ....

Geprüft und festgesetzt auf den Betrag von .... Mk. .... Pf., in Buchstaben

Dieser Betrag ist heute eingezahlt und im Einnahmebuch unter Nr. .... vereinnahmt worden.

................................, den ....ten........................ 19 ....

(Amtsbezeichnung) ....

(Amtsstempelabdruck) (Unterschrift)

Allgemeine Bestimmungen.[1])

§ 1. Die Erhebung der Stempelabgaben . . . . . . erfolgt, soweit nachstehend nicht ein anderes bestimmt ist, durch die von den Landesregierungen hierzu bestimmten Amtsstellen.

Die Amtsstellen sind von den Landesregierungen öffentlich bekannt zu machen, soweit dies nicht schon früher geschehen ist.

§ 213. Über Anträge auf Erstattung zu Unrecht entrichteter Stempelabgaben entscheidet die Direktivbehörde.

Die Erstattung ist nicht deshalb zu versagen, weil der Antrag bei einer nicht zuständigen Steuerbehörde . . . . . gestellt wird.

§ 216. Die Beamten zur Prüfung des Reichsstempelwesens werden von den Landesregierungen bestimmt. Ihre Ernennung und die ihnen zugewiesenen Geschäftsbezirke sind öffentlich bekannt zu machen, soweit dies nicht schon früher geschehen ist.

§ 219. Die prüfungspflichtigen Stellen hat die Direktivbehörde ermitteln zu lassen und dem Prüfungsbeamten mitzuteilen. Sie kann die Ermittelung diesem selbst auftragen.

§ 220. Die der Prüfung in Bezug auf die Abgabenentrichtung . . . . . . unterliegenden Stellen sind regelmäßig mindestens einmal im Laufe von drei Jahren, neu errichtete Aktiengesellschaften usw. erstmalig tunlichst bald nach ihrer Errichtung der Prüfung zu unterwerfen.

Versicherer, die zur Entrichtung der Abgabe nach Tarifnummer 12 im Abrechnungsverfahren zugelassen sind,

---

[1]) Die allgemeinen Ausführungsbestimmungen zum Reichsstempelgesetz werden hier nur insoweit mitgeteilt, als sie sich auf den Teil des Reichsstempelgesetzes beziehen, der von Tarifnummer 12, §§ 97—106, Versicherungen, handelt.

(§ 201) sind mindestens einmal jährlich einer Prüfung zu unterziehen. Die Direktivbehörde kann die Frist auf 3 Jahre ausdehnen, wenn der Geschäftsbetrieb nur einen geringen Umfang hat.

§ 221. Dem Ermessen des Prüfungsbeamten bleibt überlassen, ob er die Prüfung vorher anmelden will. Dies hat insbesondere zu geschehen, wenn zu befürchten ist, daß ohne vorgängige Anmeldung die beabsichtigte Prüfung nicht vorgenommen werden kann.

Dem Prüfungsbeamten ist ein angemessener Raum oder Arbeitsplatz zur Erledigung seiner Obliegenheiten zur Verfügung zu stellen.

Die prüfungspflichtige Stelle hat dem Prüfungsbeamten die von ihm zum Zweck der Prüfung gewünschten Urkunden, Belege und sonstigen Schriftstücke, sowie die Geschäftsbücher zur Einsicht vorzulegen und ihm die erforderliche Auskunft zu erteilen.

§ 222. Bei den hinsichtlich des Versicherungsstempels zu prüfenden Unternehmungen und Personen ist durch Ermittelung des Geschäftsumfanges, durch Vergleichung mit Geschäftsbüchern, -registern und -listen, sowie durch Einsichtnahme in die sonstigen Unterlagen (Versicherungsurkunden, Schriftwechsel usw.) oder auf andere geeignete Weise festzustellen, ob die Eintragungen in die Aufstellungen (Versicherungsstempelbücher, Geschäftsbücher und -register) vollständig und richtig sind. Bei der Anwendung des Verfahrens nach § 200 ist insbesondere darauf zu achten, daß in den Büchern und Listen die für die Berechnung der Abgabe und für die Festhaltung der Versicherung erforderlichen Angaben enthalten sind. Im Falle der Zulassung des Abrechnungsverfahrens (§ 201) bedarf es ferner der Prüfung, ob eine Berechnung der Abgabe und eine hinreichende Nachprüfung durch die Stempelprüfungsbeamten nach dem Geschäftsgebaren des Versicherers gewährleistet und somit die Voraussetzungen für das Abrechnungsverfahren noch gegeben erscheinen.

Wie eingehend zur Erreichung ihres Zweckes eine Prüfung zu gestalten ist, bleibt dem pflichtmäßigen Ermessen *des Prüfungsbeamten überlassen. Neue Stellen sind wiederholt einer eingehenden Prüfung zu unterziehen. Wo nach den Erfahrungen des Prüfungsbeamten der gute Wille, den bestehenden Vorschriften gemäß zu verfahren, und zugleich die hierzu erforderliche Sorgfalt und Sachkenntnis vorausgesetzt werden können, sind Stichproben zulässig.*

B. Ausführungsbestimmungen der Bundesstaaten.

1. Königreich Preußen.

(Preußische Ausführungsvorschriften vom 22. September 1913, abgedruckt im Zentralblatt der preußischen Verwaltung der Zölle und indirekten Steuern).

Zu § 199.

47. *Die Steuerstelle hat zur Feststellung des Gesamtstempelbetrages die Richtigkeit der Aufrechnung in Spalte 8 des Versicherungsstempelbuchs zu prüfen. Die Nachprüfung der einzelnen Eintragungen kann auf Stichproben beschränkt werden. Auf der als Beleg zum Anmeldungsbuch zu nehmenden Nachweisung (Muster 35) ist ersichtlich zu machen, in welchem Umfange der Stempelansatz nachgeprüft ist.*

Zu § 200.

48. *Die Entscheidung über Anträge aus § 200 Abs. 1 wird den Oberzolldirektionen übertragen.*

Zu § 201.

49. *(1) Anträge auf Zulassung zum Abrechnungsverfahren sind bei der Oberzolldirektion anzubringen. Den Anträgen ist Abschrift des Musters zu den Geschäftsbüchern usw. beizufügen, in denen das Stempelaufkommen nachgewiesen werden soll.*

(2) Die Abschlagszahlungen sind schriftlich nach dem beiliegenden Muster anzumelden. Die Anmeldung ist in 2 Ausfertigungen einzureichen, von denen die eine mit Empfangs-

bestätigung versehen zurückzugeben, die andere als Beleg zum Anmeldungsbuche zu nehmen ist. Diese Bestimmungen finden auch auf die endgiltige Abrechnung Anwendung.

(3) Wird auf Grund des § 201 Abs. 3 die Anrechnung des nach der endgültigen Abrechnung zuviel gezahlten Betrages beantragt, so ist der Beleg über die endgültige Abrechnung dem Beleg über die Abschlagszahlung beizufügen. Ist die endgültige Abrechnung in demselben Vierteljahr erfolgt, so genügt ein Hinweis auf die Nummer des Anmeldungsbuches.

Zu § 202.

50. *(1) Bevollmächtigte, die nach der Mitteilung der Oberzolldirektion (§ 194 Abs. 2) Versicherungsstempelbücher nicht führen, sind in die Liste nicht aufzunehmen.*

(2) Die Steuerstellen haben sich durch Einsicht der Adreßbücher und auf sonst geeignete Weise von den in ihrem Bezirk bestehenden Versicherungsunternehmungen und deren Bevollmächtigten Kenntnis zu verschaffen,

Zu §§ 206, 207.

51. *Wegen der Übertragung der Erstattungsbefugnis auf die Hauptzollämter vgl. Nr. 66 Abs. 1* **(1)**, *wegen des Erstattungsverfahrens Nr. 66 Abs. 3* **(2).**

(1) Nr. 66 Abs. 1 lautet: Im Einverständnis mit dem Reichskanzler (Reichsschatzamt) werden in den Fällen der Tarifnummer 12 die Befugnis zur Entscheidung über Anträge auf Erstattung zu Unrecht entrichteter Stempelabgaben (§ 213) den Stempelsteuerämtern, die in §§ 206/207 den Direktivbehörden zugewiesenen Geschäfte und Entschließungen den Hauptzollämtern übertragen.

Hiernach sind in Preußen Direktivbehörden erstens die Oberzolldirektionen, zweitens in den oben bezeichneten Einzelfällen die Stempelsteuerämter und Hauptzollämter.

(2) Nr. 66 Abs. 3 lautet: Auf das Verfahren sind die Vorschriften in § 24 der L.St.V.O. und Nr. 28 der A.B. z. L.St.G. sinngemäß anzuwenden.

Muster für die Anmeldung von Abschlagszahlungen.

Eingegangen den ....ten........................ 19.....
Nr. .... des Anmeldebuchs.
(Amtsstempelabdruck).

Anmeldung

d ....
in ....
zur Entrichtung einer Abschlagszahlung auf Versicherungsstempel für den Monat .... 19....

An Versicherungsstempel waren zu entrichten nach dem Geschäftsumfange
für den gleichen Monat 19.... ....Mk......Pf.
„ „ „ „ 19.... ....Mk.....Pf.[1]
„ „ „ „ 19.... ....Mk.....Pf.[1]
also im Durchschnitt der letzten 3 Jahre 1/3 von . . ..Mk......Pf. = ...Mk......Pf.
D.... unterzeichnete .... erbietet sich, für den Monat .... 19.... eine Abschlagszahlung von .... Mk. zu leisten.

.............................., den ....ten..................19....
(Firma) ....
(Unterschrift)

Festsetzung einer Abschlagszahlung und Quittung.

Unter Zugrundelegung des Geschäftsumfangs im gleichen Monat $\frac{\text{der letzten 3 Jahre}^{1)}}{\text{des Vorjahres}}$ wird die oben angemeldete Abschlagszahlung festgesetzt auf ....Mk. in Worten ....
Dieser Betrag ist heute eingezahlt und im Reichsstempel-Einnahmebuch II unter Nr. .... vereinnahmt worden.

.............................., den ten ....19 .
Königliches .... amt.
(Amtsstempelabdruck). (Unterschrift) ....

---

[1]) *Nur auszufüllen bei erheblichen Schwankungen des Stempelaufkommens.*

2. Königreich Bayern.

(Bayerische Ausführungsvorschriften vom 29. September 1913, abgedruckt im Staatsanzeiger vom 1. Oktober 1913, Nr. 32390).

An die K. Regierungsfinanzkammern von Oberbayern, Niederbayern, der Pfalz, der Oberpfalz, von Oberfranken, von Mittelfranken, von Unterfranken und von Schwaben.

Betr.: Reichsstempelabgaben für Gesellschaftsverträge und für Versicherungen.

Mit dem 1. Oktober 1913 treten die neuen Vorschriften des Reichsstempelgesetzes über die Erhebung von Reichsstempelabgaben für Gesellschaftsverträge und für Versicherungen in Kraft. Die Ausführungsbestimmungen des Bundesrats hierzu sind im Zentralblatt für das Deutsche Reich 1913, S. 802 und ff., veröffentlicht; sie werden in den nächsten Tagen im bayerischen Gesetz- und Verordnungsblatt abgedruckt erscheinen. Dagegen können die weiter erforderlichen bayerischen Vollzugsvorschriften in der allernächsten Zeit noch nicht zur Veröffentlichung gelangen, da zu einem Teile dieser Vorschriften die Zustimmung des Reichskanzlers einzuholen und deshalb erst noch mit dem Reichsschatzamt ins Benehmen zu treten ist.

Einstweilen werden jedoch die Grundzüge bekannt gegeben, nach denen die Erhebung der Reichsstempelabgaben für Gesellschaftsverträge und Versicherungen in Bayern geregelt werden sollen.

1. Die im Reichsstempelgesetze bestimmten Reichsstempelabgaben für Versicherungen treten an die Stelle der bisherigen Landesgebühren für Versicherungsverträge und Polizen. Die bisherigen Landesgebühren kommen sonach vom 1. Oktober 1913 an in Wegfall. Dies gilt auch für solche Versicherungszweige, die bisher landesrechtlich besteuert waren, nach den Bestimmungen des Reichsstempelgesetzes aber von den Reichsstempelabgaben für Versicherungen befreit sind.

2. Die Erhebung der Reichsstempelabgaben für Versicherungen wird in Bayern den Kreiskassen übertragen werden.

3. Ob die Entrichtung der Reichsstempelabgaben bei inländischen Versicherern von dem Versicherer (Direktion) selbst für alle im Deutschen Reiche abgeschlossenen oder durch die einzelnen Bevollmächtigten (Generalbevollmächtigten, Generalagenturen) für die in ihrem Bezirk abgeschlossenen Versicherungen erfolgt, wird sich durch die im § 194 der Ausführungsbestimmungen des Bundesrats vorgeschriebenen Anzeigen entscheiden.

Soweit von inländischen Versicherern oder deren Bevollmächtigten Reichsstempelabgaben in Bayern zu entrichten sind oder soweit Bevollmächtigte ausländischer Versicherer in Bayern Reichsstempelabgaben zu entrichten haben, kann nach § 200 der Ausführungsbestimmungen des Bundesrats gestattet werden, daß als Aufstellungen im Sinne des Gesetzes die Bücher oder Listen der Gesellschaften gelten, sofern für jeden Versicherungszweig gesonderte Buch- oder Listenführung besteht und die Bücher oder Listen die für die Berechnung und Festhaltung der Abgabe erforderlichen Angaben enthalten. Die K. Regierungen, Kammern der Finanzen, werden ermächtigt, diese Art der Abgabennachweisung ohne weiteres jenen Versicherern oder Bevollmächtigten zu gestatten, die bisher schon in ihren Listen oder Büchern bayerische Landesgebühren für Versicherungsverträge und Polizen nachgewiesen haben. Die gleiche Erlaubnis kann durch die K. Regierungen, Kammern der Finanzen, auch neu zugehenden Versicherern oder Bevollmächtigten erteilt werden, wenn gegen deren Buch- oder Listenführung Einwendungen nicht zu erheben sind, in Zweifelsfällen ist an das Staatsministerium der Finanzen zu berichten.

4. Die Abrechnung über die eingegangenen Beträge sowie die Ablieferung der letzteren an die Kreiskasse hat in den Fällen der in Ziff. 3 Abs. 2 bezeichneten Art vierteljährlich und zwar spätestens binnen sechs Wochen nach Ablauf eines jeden Kalendervierteljahres zu erfolgen. Bei der Abrechnung genügt die summarische Angabe des eingegangenen Betrags. Die Bücher und Listen verbleiben beim Versicherer oder dessen Bevollmächtigten; sie werden, wie dies schon bisher bei den bayerischen Landesgebühren für Versicherungsverträge der Fall war, durch örtliche Prüfungskommissäre geprüft.

5. Die Regierungsfinanzkammern sind in den Fällen der Ziff. 3 Abs. 2 ermächtigt, auch zu genehmigen, daß die abzuführende Abgabe nach dem Sollbetrage des Entgelts bemessen und der Abgabebetrag für nicht eingegangene Zahlungen in einer der nächstfolgenden Aufstellungen abgesetzt wird.

Die Entscheidung über Anträge auf Verlängerung der Abrechnungs- und Ablieferungsfrist von sechs Wochen nach Ablauf eines jeden Kalendervierteljahres behält sich das Staatsministerium der Finanzen vor.

3. Königreich Sachsen.

(Sächsische Ausführungsvorschriften vom 25. September 1913, abgedruckt im Gesetz- und Verordnungsblatt für das Königreich Sachsen, 16. Stück vom Jahre 1913.)

I. Allgemeines.

§ 1. Zur Festsetzung und Erhebung der Reichsstempelabgaben von Versicherungen (Tarifnummer 12) sind, soweit sich aus dem Folgenden nicht etwas anderes ergibt, die Hauptzollämter

Bautzen,
Chemnitz — zugleich für die Hauptzollamtsbezirke Annaberg und Freiberg —,
Dresden II — zugleich für die Hauptzollamtsbezirke Dresden I, Meißen, Pirna und Schandau —,
Leipzig II — zugleich für die Hauptzollamtsbezirke Grimma und Leipzig I —,
Plauen — zugleich für den Hauptzollamtsbezirk Eibenstock —,
Zittau und
Zwickau

zuständig.

§ 3. Die Verpflichtung zur Entrichtung der Stempelabgaben für . . . . Versicherungen (Tarifnummer 12) wird durch Barzahlung erfüllt. Stempelzeichen werden nicht verwendet.

§ 4. Direktivbehörde ist die Generalzolldirektion. Soweit sie nicht selbst die Reichsstempelabgabe festzusetzen hat, entscheidet sie über Erinnerungen gegen die Festsetzung und über Anträge auf Erstattung von Reichsstempelabgaben auch dann, wenn die Abgabe nicht von einem Hauptzollamte festgesetzt worden ist.

§ 5. Ordentliche Prüfungsbeamte sind die Stempelfiskale, deren Ernennung jeweilig öffentlich bekannt gemacht wird; die Tätigkeit der Stempelfiskale ist nicht auf bestimmte Geschäftsbezirke beschränkt. Die Generalzolldirektion ist befugt, den Stempelfiskalen im Falle des Bedürfnisses Expeditionsbeamte als Hilfsbeamte beizuordnen.

Als besondere Prüfungsbeamte zur Prüfung der Abgaben der Tarifnummer 12 werden die Bezirksoberkontrolleure, Oberzollrevisoren und Hauptzollamtsvorstände bestellt.

IV. Versicherungen (Tarifnummer 12).

§ 16. Die Entscheidung über Anträge nach § 200 der Ausführungsbestimmungen wird der Generalzolldirektion übertragen.

§ 17. Will ein Versicherer die Stempelabgabe nach dem in § 201 der Ausführungsbestimmungen geordneten Abrechnungsverfahren entrichten, so hat er sich mit dem Antrag an das örtlich zuständige Hauptzollamt (§ 1 Absatz 1) zu wenden und die Unterlagen vorzuführen, auf die der Antrag gestützt wird. Der Antrag ist dem Finanzministerium im Dienstwege mit gutachtlichen Äußerungen des Hauptzollamts und der Generalzolldirektion zur Entschließung vorzulegen.

§ 18. Diese Verordnung tritt mit dem 1. Oktober 1913 in Kraft.

4. Freie und Hansestadt Hamburg.

(Hamburgische Ausführungsvorschriften vom 13. Oktober 1913 abgedruckt im Amtsblatt Nr. 156).

Der Senat verordnet auf Grund des Reichsstempelgesetzes vom 3. Juli 1913 und der dazu erlassenen Ausführungsbestimmungen des Bundesrats (Bekanntmachung des Reichskanzlers vom 15. September 1913) was folgt:

1. Als Direktivbehörde für die Erhebung der Reichsstempelabgaben . . . . von Versicherungen (Tarifnummer 12 des Reichsstempelgesetzes) wird für das hamburgische Staatsgebiet die Deputation für indirekte Steuern und Abgaben bestellt. Steuerstelle für die Festsetzung und Erhebung dieser Abgaben ist das Stempelkontor in Hamburg; die Einzahlung der im Amte Ritzebüttel zu entrichtenden Abgaben kann auch bei der Kasse des Amtes Ritzebüttel erfolgen.

2. . . . .

3. . . . .

4. . . . .

5. Die Deputation für indirekte Steuern und Abgaben wird ermächtigt, über die im § 200 der Ausführungsbestimmungen vorgesehenen Anträge betr. die Entrichtung der Versicherungsabgabe zu entscheiden.

6. Anträge auf Entrichtung der Versicherungsabgabe durch monatliche Abschlagszahlungen (§ 201 der Ausführungsbestimmungen) sind bei der Deputation für indirekte Steuern und Abgaben einzureichen. In den Anträgen ist der Geschäftsumfang der einzelnen Monate des Vorjahres anzugeben. Der Antragsteller hat seine Buchführung so einzurichten, daß bei der endgültigen Abrechnung die zu den einzelnen Versicherungen erhobenen Stempelbeträge und die Gesamtsumme dieser Stempelbeträge übersichtlich erkennbar sind.

7. Anträge auf Erstattung von Abgaben wegen vorzeitigen Aufhörens der Versicherung oder infolge Herabminderung der Versicherungssumme oder des Versicherungsentgelts (§ 206 der Ausführungsbestimmungen) sind an die Deputation für in-

direkte Steuern und Abgaben zu richten. Den Anträgen ist eine kurze Darstellung des Sachverhalts beizufügen. Wird der Antrag später als ein Jahr nach der Stempelentrichtung gestellt, so ist anzugeben, wann und durch welche Umstände der Antragsteller von den Tatsachen, auf die der Antrag gestützt wird, Kenntnis erhalten hat.

5. Freie und Hansestadt Lübeck.

Die Bekanntmachung des Senats betreffend das Inkrafttreten der Ausführungsbestimmungen des Bundesrats vom 30. September 1913 (Gesetz- und Verordnungsblatt der freien und Hansestadt Lübeck Nr. 41) enthält keine auf die Versicherung bezüglichen Angaben.

IV. Praktischer Teil.

Nachstehende Ausführungen sollen für die Praxis einige Richtlinien bieten, denen die Gesellschaftsorgane naturgemäß aber nur insoweit folgen können, als nicht die Instruktionen der eigenen Gesellschaft entgegenstehen. Bei der nicht immer deutlichen Fassung sind abweichende Meinungen sehr wohl möglich.

A. Feuer-, Einbruchdiebstahl- und Glasversicherung.

I. Dem Versicherungspraktiker, der davon Kenntnis erhält, daß am 1. Oktober 1913 die bisherigen einzelstaatlichen Versicherungsstempel und -Gebühren wegfallen und daß an deren Stelle ein wesentlich höherer Reichsstempel tritt, drängt sich sofort die Frage auf, wie die am 1. Oktober schon bestehenden Versicherungen zu behandeln sind. Die Antwort lautet:

1. Das Gesetz greift die Versicherungen besonders heraus, für welche die Prämien zwischen dem 1. April und dem 1. Oktober 1913 für mehrere Jahre vorausbezahlt wurden. Diese Versicherungen unterliegen kraft besonderer Vorschrift der Reichsabgabe für die Versicherungsjahre, welche nach dem 30. September 1913 beginnen. Für die gleichen Versicherungsjahre darf der aus Anlaß der Vorauszahlung entrichtete landesgesetzliche Stempel angerechnet werden. Soweit bei der Einhebung der Prämien der Reichsstempel noch nicht bekannt war oder aus anderen Gründen nicht eingezogen wurde, bleibt nichts anderes übrig, als ihn gesondert zu erheben. Zu diesem Zwecke können die bei den Gesellschaften üblichen Quittungsformulare, je nachdem mit entsprechenden handschriftlichen Ergänzungen, verwendet werden, soweit nicht besondere Formulare für diese Zwecke beschafft sind. Es empfiehlt sich, bei Übersendung solcher Quittungen die Agenten und bei sogenannten direkten Versicherungen die Ver-

sicherungsnehmer in geeigneter Weise aufzuklären, da sonst Rückfragen zu gewärtigen sind. Über die einschlägigen Versicherungen sind der Behörde Aufstellungen zu liefern und zwar unter Verwendung des noch zu erwähnenden Versicherungsstempelbuches. Der Zeitpunkt, bis wann diese Aufstellungen der Behörde einzureichen sind, steht noch nicht fest, da die näheren Anordnungen den obersten Landesfinanzbehörden im Einverständnis mit dem Reichskanzler überlassen sind. Dabei kann auch gestattet werden, daß die Anmeldung und Entrichtung mit der des nächstfolgenden Abgabebetrages verbunden wird. Voraussichtlich wird auch eine Vereinfachung der Aufstellung zugelassen werden, soweit die Bücher der Gesellschaft Gewähr für die richtige Abführung der Abgabe bieten.

2. Bei allen übrigen Versicherungen tritt die Stempelpflicht erst ein mit der ersten Zahlung einer Prämie nach dem 30. September 1913. Eine Anrechnung landesgesetzlicher Stempel findet in diesen Fällen, die weitaus die Mehrzahl bilden, nicht statt. Das ist, soweit der Landesstempel im voraus für die ganze Versicherungsdauer erhoben wurde, eine Härte, die aber im Interesse der Reichsfinanzen von den gesetzgebenden Faktoren gebilligt wurde.

II. Nachdem auf diese Weise Klarheit über die zeitliche Grenze des Gesetzes gewonnen ist, gilt es, sich über die Voraussetzungen der Stempelpflicht zu unterrichten. Hierbei kommen verschiedene Gesichtspunkte in Frage.

1. Was als Feuerversicherung und Einbruchdiebstahlversicherung anzusehen ist, ist in den Erläuterungen zum Tarif erörtert, der Begriff der Glasversicherung wird ohnehin Zweifeln kaum begegnen. Hier soll nur kurz wiederholt werden, daß der Stempel in gleicher Höhe zu entrichten ist, ob gegen Brand, Explosion und Blitz zusammen versichert wird oder nur gegen eine dieser Gefahren und daß auch bei zeitlich getrennter Versicherungsnahme die Versicherung gegen diese verschiedenen Gefahren nur als eine einzige Feuerversicherung angesehen und daher nur einmal mit der Abgabe belegt wird. Eine abhängige Außenversicherung, eine Schoberversicherung (bei bereits versicherter Gesamternte) und ähnliche Versicherungen sind nicht neue Ver-

sicherungen, sondern nur Beurkundungen einer Gefahrenänderung, auch wenn sie durch selbständige Versicherungsscheine beurkundet werden. Eine Abgabe wird dafür nicht erhoben. Mietverlust-, Betriebsverlust-, Rübenentwertungs- und Zuckerpreisdifferenzversicherungen, ferner Aufräumungskostenversicherungen sind nicht stempelpflichtig, weil sie nicht zu den Feuersachversicherungen zählen, die allein der Abgabe unterworfen werden sollen.

Zu den Einbruchdiebstahlversicherungen sind die Beraubungs-Versicherungen nicht zu rechnen. Diese sind stempelfrei, weshalb auch bei gemeinsamer Beurkundung die hierfür angesetzte Prämie bei Berechnung der Abgabe außer Betracht bleibt.

2. Versicherungsort. Wie beim Tarif des näheren begründet wurde, ist anzunehmen, daß nur Feuer-, Einbruchdiebstahl- und Glasversicherungen über solche Gegenstände stempelpflichtig sind, die sich im Gebiete des Deutschen Reiches befinden.

3. Versicherungssumme. Versicherungen, deren Versicherungssumme 3000 Mk. nicht übersteigt, sind stempelfrei. Mehrere Versicherungen gelten als eine, wenn sie

a) gleicher Art sind,
b) beim gleichen Versicherer und
c) für denselben Versicherungsnehmer geschlossen werden.

Als Versicherungen gleicher Art gelten je unter sich

a) Feuerversicherungen beweglicher Gegenstände,
b) Feuerversicherungen unbeweglicher Gegenstände,
c) Einbruchdiebstahlversicherungen,
d) Glasversicherungen.

Beim gleichen Versicherer sind die Versicherungen auch dann abgeschlossen, wenn sie in verschiedenen Generalagenturbezirken laufen.

Für denselben Versicherungsnehmer besteht die Versicherung nur bei vollkommener Übereinstimmung der Person, nicht dagegen, wenn eine Versicherung auf den Namen des Ehemannes, die andere auf den der Ehefrau abgeschlossen wird, nicht, wenn die eine für eine offene Handelsgesellschaft, G. m. b. H. und dergl., die andere für einen Teilhaber genommen wird. Wohl aber besteht Übereinstimmung, wenn ein Einzelkaufmann eine Versicherung mit seinem bürgerlichen Namen und eine andere unter seiner Firma abschließt.

Eine vollkommen wirksame Kontrolle wird nur durch die allerdings sehr zeitraubende und darum kostspielige Führung eines Namensregisters bewirkt werden können. Der Versicherer genügt aber seiner Verpflichtung zur Kontrolle auch, wenn er in jedem Antrag nach bestehenden Versicherungen fragt und die Agenten anhält, sich über die Richtigkeit der gemachten Angaben zu äußern.

Weitere Einzelheiten s. Anmerkung 23 u. 25 z. Tarif.

III. Über die Höhe des Stempels geben die Erläuterungen zum Tarif Aufschluß, so daß an dieser Stelle auf die dortigen Ausführungen verwiesen werden kann. Zur Erleichterung der Berechnung dienen die im Anhang abgedruckten Tabellen, aus denen durch einfaches Zusammenzählen alle Stempel leicht ermittelt werden können. Hier mögen nur die in der Praxis häufig wiederkehrenden Fälle durch Beispiele veranschaulicht werden.

1. Mobiliar=Feuerversicherung mit 6090 Mk. Stempel für ein Jahr 7 × 15 Pf. = 1.05 Mk., abgerundet auf 1.10 Mk.
2. Gleicher Fall. Die Prämie wird am 1. Dezember 1913 für die Zeit von da bis zum 1. Januar 1915 bezahlt. Stempel 2.10 Mk., also für 2 volle Jahre.
3. Gleicher Fall. Die Prämie wird am 1. Dezember 1913 bis dahin 1914 und später noch auf einen Monat bis zum 1. Januar 1915 bezahlt. Stempel davon zunächst 1.10 Mk., später 7 × 1½ Pf. = 10½ Pf. oder aufgerundet 0.15 Mk.
4. Gleicher Fall. Die Prämie wird für 3 Jahre im voraus bezahlt. Stempel 3 × 1.05 Mk. = 3.15 Mk., aufgerundet 3.20 Mk. Derselbe Stempel würde erhoben werden, wenn die Versicherung für 2 Jahre und einige Monate vorausbezahlt wird.
5. Gleicher Fall. Die Prämie wird für 4 Jahre im voraus bezahlt, wofür das fünfte Jahr als sogenanntes Freijahr mitgedeckt wird. Stempel 5 × 1.05 Mk. = 5.25 Mk., aufgerundet 5.30 Mk.
6. Immobiliar=Feuer=Versicherung mit 10 300 Mk. auf 1 Jahr. Stempel 11 × 5 Pf. = 0.55 Mk. Nach 7 Monaten wird bis zum Schlusse des Versicherungsjahres, also für 5 Mo=

nate, eine Nachversicherung von 10 700 Mk. genommen. Da der Stempel für 11 000 Mk. schon entrichtet ist, ist noch die Abgabe aus 10 000 Mk. für 5 Monate zu erheben, also 5 × 5 Pf. = 0.25 Mk.

7. Immobiliar-Versicherung mit 22 000 Mk. auf 1 Jahr. Stempel 22 × 5 = 1.10 Mk.
8. Immobiliar-Versicherung mit 22 000 Mk. auf 9 Monate. Stempel 3 × 5 × 9 = 1.35 Mk.; da aber nicht mehr erhoben werden muß als der Jahresstempel, so beträgt der Stempel 1.10 Mk. (das höhere Ergebnis erklärt sich daraus, daß die Stufen bei dem Jahresstempel 1000 Mk., bei dem Monatsstempel dagegen 10 000 Mk. betragen).
9. Einbruchdiebstahl-Versicherung. Mit einer Jahresprämie von 4.50 Mk. auf 1 Jahr geschlossen. Stempel 0.50 Mk.
10. Gleiche Versicherung auf 3 Jahre geschlossen mit Vorausbezahlung, Prämie bei 4 % Diskont 13.00 Mk., Stempel 1.30 Mk.
11. Gleiche Versicherung auf 5 Jahre geschlossen mit einem Freijahr. Vorauszahlungs-Prämie 18.00 Mk., Stempel 1.80 Mk.
12. Glasversicherung. Es gelten die gleichen Grundsätze wie für die Einbruchdiebstahlversicherung.

Bei der Feuerversicherung kann die Unterscheidung zwischen beweglichen und unbeweglichen Sachen in den Fällen Schwierigkeiten bereiten, in denen Maschinen und maschinelle Betriebseinrichtungen mitversichert sind. Denn hierunter gibt es solche, die zwar nicht unter den Begriff Gebäude fallen und daher durch die Gebäudeversicherung nicht gedeckt sind, bei denen es aber doch fraglich ist, ob sie nicht als wesentliche Gebäudebestandteile im Sinne der Bestimmungen des Bürgerlichen Gesetzbuches und daher als unbewegliche Gegenstände gelten. Dabei ist im allgemeinen davon auszugehen, daß als Gebäudebestandteile die Gegenstände gelten, die mit dem Grund und Boden fest verbunden oder in die Fabrikgebäude zum Zwecke des Fabrikbetriebes eingefügt sind. Soweit aus dem Inhalt des Versicherungsscheins oder der Unterlagen dazu sich genügende Anhaltspunkte für die Ausscheidung entnehmen lassen, kann die Verstempelung hiernach durchgeführt werden. Meistens wird aber gerade in den Fällen, in denen solche Einrichtungen von höherem Werte mitversichert sind, die sogenannte summarische Deklaration angewendet sein, die keine Grundlage für eine Wertausscheidung bietet. Es empfiehlt sich daher von jetzt ab die in der summarischen Deklaration enthaltene Position Maschinen, maschinelle Betriebseinrichtungen usw. in zwei Unterpositionen zu teilen und zwar etwa durch den folgenden Zusatz:

„Hiervon

a) mit dem Grund und Boden fest verbundene oder in die Fabrikgebäude zum Zwecke des Fabrikbetriebes eingefügte Gegenstände . . . . Mk.

b) Sonstige Gegenstände . . . . „

Die Gegenstände unter a und b gelten als in einer Position versichert."

Der letzte Satz ist erforderlich, um den Versicherungsnehmer davor zu schützen, daß er infolge der Ausscheidung teilweise unterversichert ist. Da auf diese Weise erreicht wird, daß die Trennung für den Versicherungsfall keine Bedeutung hat, wird sie nach runden Summen vorgenommen werden können. Will der Versicherungsnehmer die Ausscheidung nicht vornehmen, so ist für die ganze Position der Stempel nach dem höheren Satz für bewegliche Gegenstände zu bemessen.

Ob die Ausscheidung bei bestehenden Versicherungen erst gelegentlich der Ausstellung eines neuen Dokumentes vorgenommen wird oder ob man schon vorher an die Versicherungsnehmer herantritt und auf Wunsch die Trennung durch Nachtrag festlegt, ist Sache des Ermessens im einzelnen Falle.

IV. Ist die Abgabe berechnet, so ist der Betrag zunächst durch einen Vermerk auf dem Dokumentsentwurf festzuhalten. Sodann muß Vorsorge getroffen werden,

1. daß die Abgabe vom Versicherungsnehmer eingehoben wird,
2. daß sie ordnungsmäßig unter Anfertigung der vorgeschriebenen Aufstellungen an die zuständige Behörde abgeführt wird,
3. falls die Steuerpflicht nicht seitens der einzelnen Generalagenturen, sondern seitens der Gesellschaft erfüllt wird, daß

die zutreffende Verrechnung zwischen Generalagentur und Gesellschaft gewährleistet ist.

Zu 1: Was die Einhebung vom Versicherungsnehmer anlangt, so bedarf es nicht des Eingehens auf Einzelheiten, da in dieser Hinsicht ebenso zu verfahren ist, wie bei den bisherigen landesrechtlichen Stempeln und Gebühren. Nur ist zu betonen, daß es sich bei dem sogenannten Reichsstempel nicht um einen wirklichen Stempel handelt, also nicht um eine Verstempelung der einzelnen Urkunden und Quittungen, sondern um eine Abgabe, die im Anschluß an die zu führenden Aufstellungen in einem Betrage an die zuständige Behörde abzuliefern ist. Diese Gesamtabgabe setzt sich aus den für die einzelnen Prämienzahlungen zu entrichtenden Stempelbeträgen zusammen. Hinsichtlich eines jeden solchen Stempelbetrages ist der Versicherungsnehmer ausdrücklich als Schuldner vom Gesetze bezeichnet, während dem Versicherer die Aufgabe zugewiesen ist, die Abgabe vom Versicherungsnehmer einzuziehen und sie zu seinen Lasten an die Behörde zu zahlen. Was den in der Praxis wohl seltenen Fall betrifft, daß die Zahlung des Stempels vom Versicherungsnehmer verweigert werden sollte, so kann auf die Ausführungen zu § 100 des Gesetzes verwiesen werden.

Da der Stempel aus Anlaß jeder einzelnen Prämienzahlung erhoben wird, muß bei jeder Prämienquittung, sei es, daß sie mit dem Versicherungsschein oder Nachtrag verbunden, sei es, daß sie auf einem besonderen Formular ausgestellt wird, auch über den zu erhebenden Reichsstempel quittiert werden. Es empfiehlt sich hierfür einen Vordruck „Reichsstempel Mk. . . . . .“ vorzusehen. In der Übergangszeit können aber selbstverständlich auch die vorhandenen Formulare handschriftlich oder durch Vervielfältigung ergänzt werden, soweit sich nicht schon ein Vordruck für die bisherigen Gebühren oder Stempel auf den Quittungen befindet.

Mit Rücksicht darauf, daß die gesetzlichen Bestimmungen im Publikum noch nicht genügend bekannt sind, empfiehlt es sich, die Agenten und Kassenboten durch Rundschreiben auf die wichtigsten Vorschriften hinzuweisen und sie aufzufordern, ihrerseits das Publikum in geeigneter Weise aufzuklären. Bei Versicherungen, die ohne Vermittlung von Agenten abgeschlossen sind und bei denen auch die Verwendung von Kassenboten nicht in Frage kommt, wird es sich meist um Persönlichkeiten und Firmen handeln, bei denen Vertrautheit wenigstens mit den Grundzügen des Gesetzes vorausgesetzt werden kann. Die immerhin kostspielige Verwendung von besonderen Klebezetteln bei jedem Versicherungsschein oder Nachtrag und bei jeder Folgeprämienquittung dürfte sich daher erübrigen, zumal ihr in der Sachversicherung auch sonstige Bedenken entgegenstehen.

Zu 2: Was die Entrichtung der Abgabe an den Fiskus anlangt, so haben die Ausführungsbestimmungen den vom Gesetz an erster Stelle vorgezeichneten Weg der Verwendung von Stempelmarken verlassen, wodurch dem Staat Kosten und den Versicherungsgesellschaften Arbeit erspart werden. Die Abgabe wird im Anschluß an Aufstellungen entrichtet. Dabei bedürfen folgende Fragen der Klärung:

a) Wer hat die Aufstellungen anzufertigen und die Abgabe abzuführen?

b) An wen ist die Abgabe abzuführen?

c) Wie gestaltet sich die Führung der Aufstellungen und die Abführung der Abgabe im einzelnen?

Zu a) Die Ausführungsbestimmungen lassen einen gewissen Spielraum. Die Versicherungsgesellschaften können bei Inkrafttreten des Gesetzes oder bei einer späteren Betriebseröffnung wählen, ob sie die Erfüllung der Steuerpflicht selbst übernehmen oder ob sie diese Verpflichtung Bevollmächtigten übertragen wollen. Die Ausführungsbestimmungen verlangen nur, daß die Bevollmächtigten Personen sein müssen, die zur Empfangnahme von Prämienzahlungen ermächtigt sind, in der Praxis wird aber hinsichtlich der Sachversicherungszweige nur eine Übertragung auf Abschlußbevollmächtigte in Frage kommen. Die getroffene Wahl ist der Direktivbehörde (Oberzolldirektion, Regierungsfinanzkammer usw., s. Anm. zu § 116 des Ges.) anzuzeigen, in deren Bezirk die Gesellschaft ihren Sitz hat.

Welche Wahl die einzelne Gesellschaft treffen soll, hängt von ihren Einrichtungen ab. Wo ohne Störung des Geschäftsbetriebes die erforderlichen Aufstellungen und Nachweisungen am Sitz der Gesellschaft vorgelegt werden können, wird es im Interesse der Einheitlichkeit liegen, die Steuerpflicht selbst zu übernehmen.

Zu b) Die Abgabe ist an die Steuerstelle (Zollamt, Hauptzollamt usw., s. Anm. zu § 194 der Ausf.-Best.) zu entrichten, in deren Bezirk der Versicherer oder der mit der Erfüllung der Steuerpflicht Betraute seinen Sitz hat.

Zu c) Die Verrechnung und Zahlung der Abgabe kann auf dreierlei Weise erfolgen.

α) Im Anschluß an Versicherungsstempelbücher, für welche das auf S. 90 abgedruckte Muster vorgeschrieben ist. In dieses Stempelbuch ist jede Prämienzahlung einzutragen, die im Laufe eines Kalendermonats für eine stempelpflichtige Versicherung geleistet wird. Stempelfreie Versicherungen können entweder in das gleiche Buch eingetragen oder besonders nachgewiesen werden, wobei stets der Grund der Befreiung erkennbar sein muß. Mehrere in einem Monat erfolgende Prämienzahlungen eines Versicherungsnehmers können in einer Summe zusammengefaßt werden.

Die Stempelbücher müssen für jeden Kalendermonat neu angelegt werden und dürfen nur einen Versicherungszweig (Feuerversicherung, Einbruchdiebstahlversicherung, Glasversicherung) umfassen.

Bei pro rata-Versicherungen kann ein gemeinsames Stempelbuch durch die Direktivbehörde zugelassen werden, das alsdann von einem der Versicherer oder von dem vermittelnden Makler zu führen ist.

Wegen der zulässigen Abweichungen von dem Muster des Stempelbuches s. Anm. 2 zu § 196 der Ausf.-Best.

Die Versicherungsstempelbücher sind in der für den Stempelbetrag vorgesehenen Spalte aufzurechnen, von dem Versicherer oder dem mit der Erfüllung der Stempelpflicht Betrauten unter der Versicherung der Richtigkeit und Vollständigkeit zu unterschreiben und spätestens bis zum Schluß des folgenden Kalendermonats der zuständigen Steuerstelle vorzulegen. Gleichzeitig ist eine Nachweisung nach dem auf S. 91 abgedruckten Muster einzureichen, die aber nur die Zahl der Eintragungen in das Stempelbuch und den Gesamtbetrag der abzuführenden Abgabebeträge enthält.

Sind in einem stempelpflichtigen Versicherungszweige keine Zahlungen geleistet worden, so ist Fehlanzeige zu erstatten.

Der Stempelbetrag ist bei der Vorlegung des Stempelbuchs zu zahlen.

Die Steuerstelle prüft die Eintragungen, zu welchem Zweck sie die zugrunde liegenden Urkunden, Geschäftsbücher und Schriftstücke einsehen kann — auf Antrag kann dies in den Geschäftsräumen des Vorlagepflichtigen geschehen —, stellt den Gesamtstempelbetrag fest und bescheinigt den Empfang im Stempelbuch und auf der Nachweisung.

Das Stempelbuch wird alsdann zurückgegeben und ist nach Versicherungszweigen, Jahrgängen und Monaten geordnet 5 Jahre lang aufzuheben.

Für die Feuer-, Einbruchdiebstahl- und Glasversicherung ist, wenigstens soweit größere Gesellschaften in Frage kommen, die Einführung eines besonderen Stempelbuches nicht durchführbar. Die Einhebung der Prämien erfolgt zum großen Teil durch Agenten. Es hängt mit der großen Zahl der Versicherungen, den vielen kleinen Prämien-Beträgen, den weiten Entfernungen auf dem Lande und der häufig nicht unerheblichen Schwierigkeit der Beitreibung zusammen, daß der Versicherer und seine abschlußbevollmächtigten Geschäftsstellen erst geraume Zeit nach dem Ende eines Kalenderjahres feststellen können, welche Zahlungen im Laufe des Monats geleistet sind. Sollte hierin eine Änderung eintreten, so könnte dies nicht ohne wesentliche Umwandlungen in der Organisation der Gesellschaften und nicht ohne beträchtliche Verteuerung des Geschäftsbetriebes geschehen. Auch die Führung der Bücher selbst würde eine neue, für den Betrieb unfruchtbare Arbeitslast bedeuten, ohne daß eine brauchbare Kontrolle für die Richtigkeit der Einträge sich bewerkstelligen ließe. Den Steuerstellen vollends würde die Überwachung der monatlich in Menge eingehenden Stempelbücher einen überflüssigen Aufwand an Zeit und Kosten bereiten.

Wohl wesentlich auf diese Bedenken hin, die seitens der berufenen Vereinigungen und Verbände den zuständigen Stellen unterbreitet wurden, hat man zwei weitere Verfahrensarten zugelassen, nämlich β) den Ersatz des Versicherungsstempelbuches durch Geschäftsbücher und -register.

Hierbei werden als Aufstellungen die vom Versicherer aus anderem Anlaß geführten Bücher und Listen verwendet, also Versicherungsregister (Journale, Borderos), Veränderungsregister, Folgeprämienlisten oder Prämienquittungsregister. Voraussetzung ist auch hier, daß für jeden Versicherungszweig besondere Bücher geführt werden und daß in diesen die für die Berechnung der Abgabe und für die Festhaltung der Versicherung erforderlichen Angaben enthalten sind. Diese Voraussetzungen sind bei den Büchern der meisten Gesellschaften schon bisher gegeben, jedenfalls können sie durch entsprechende Abänderungen erreicht werden. Doch wird seitens der Behörden berücksichtigt werden müssen, daß die Umgestaltung solcher Register für die Vergangenheit ohne unverhältnismäßige Kosten überhaupt nicht mehr bewerkstelligt werden kann. Namentlich für die erste Zeit, d. h. solange noch Versicherungen in Frage kommen, die in früher angelegte Register eingetragen sind, wird man mit den Anforderungen an die Aufstellungen nicht allzu streng sein dürfen.

Die Aufstellungszeit kann bis zu einem Vierteljahr verlängert werden.

Wichtig ist, daß in die Register nicht die Versicherungen eingetragen werden müssen, für welche die Prämien gezahlt sind, sondern daß es zulässig ist, die Versicherungen schon vor der Zahlung der Prämien einzutragen und den Abgabebetrag für die nicht eingelösten Versicherungsscheine und Prämienquittungen durch die Stornoregister wieder in Abgang zu bringen.

Das Verfahren unter β darf aber nicht ohne weiteres stillschweigend eingeführt werden, sondern es bedarf der Zulassung, die auf Antrag von der obersten Landesfinanzbehörde oder der von dieser bestimmten Direktivbehörde gewährt werden kann. Antragsberechtigt ist der Versicherer oder der mit der Erfüllung der Stempelpflicht betraute Bevollmächtigte. Der Antrag muß sich darüber aussprechen, ob die Aufstellungszeit über einen Monat hinaus verlängert werden soll und ob in die Register auch solche Versicherungen eingetragen werden, für welche die Prämie noch nicht bezahlt ist.

Da das hier geschilderte Verfahren den Bedürfnissen der Sachversicherungsgesellschaften am besten entspricht, dürften die meisten von ihnen derartige Anträge stellen.

γ) Das Abrechnungsverfahren.

Auch hier ist ein Antrag an die oberste Landesfinanzbehörde erforderlich.

Das Verfahren unterscheidet sich von dem unter β geschilderten vor allem dadurch, daß keine bestimmten Anforderungen an die Aufstellungen gestellt werden, sondern daß nur vorausgesetzt wird, daß eine genaue Berechnung der Abgabe und eine hinreichende Nachprüfung durch die Stempelprüfungsbeamten gewährleistet ist.

Die genaue Abrechnung erfolgt nur einmal jährlich auf Grund einfacher Nachweisungen. Jeden Monat hat aber eine Abschlagszahlung zu erfolgen, die im annähernden Betrag der fälligen Stempelabgabe zu halten ist und nach dem Geschäftsumfang im gleichen Monat des Vorjahres bemessen werden kann.

Gegen dieses Verfahren spricht der nicht unerhebliche Zinsverlust, der infolge der monatlichen Abführung gegenüber dem unter β geschilderten eintritt.

Wegen der Einzelheiten kann im übrigen auf die Bestimmungen des § 201 der Ausführungsvorschriften verwiesen werden.

Zu 3: Da die Aufstellungen, in welcher Form immer sie gemacht werden, wohl allenthalben in der Sachversicherung von den abschlußbevollmächtigten Generalagenturen angefertigt, von den Gesellschaften aber nachgeprüft werden, so bilden sie gleichzeitig die zuverlässigste Grundlage für die Abrechnung. Stempelrückvergütungen an Versicherungsnehmer sind der Gesellschaft gesondert aufzugeben, da sie, wie unter V erörtert, Erstattungsanträge an die zuständige Behörde notwendig machen.

V. Stempelrückvergütung:

Wie zu § 200 der Ausführungsbestimmungen bemerkt wurde, sind verschiedene Fälle zu unterscheiden (vergl. § 200 Anm. 6).

1. Wenn ein Stempelbetrag in die Aufstellung eingetragen ist, ohne daß die Prämie vom Versicherungsnehmer gezahlt wird, so ist er durch die Veränderungsliste, Stornobordero und dergl. wieder abzusetzen, ohne daß es weiterer Schritte bedarf. Dieser Fall gewinnt nur Bedeutung, wo das unter IV 2 β geschilderte Verfahren angewandt wird.

2. Anders liegt es, wenn ein Stempelbetrag vom Versicherungsnehmer erhoben ist. Hier greift das in § 206 der Ausführungsbestimmungen geregelte Erstattungsverfahren Platz (vgl. auch die dort gegebenen Erläuterungen). Dabei ist allerdings der Fall nicht berücksichtigt, daß ein Stempel nur irrtümlich erhoben wird, daß er also von Anfang an nicht oder doch nicht in der angesetzten Höhe geschuldet wurde. In diesem Falle dürfte es sich empfehlen, gleichfalls das in § 206 vorgesehene Verfahren einzuschlagen, solange nicht feststeht, ob seitens der zuständigen Behörde die einfache Absetzung durch das Stornobordero für zulässig erachtet wird.

Tabelle I.

Jahresstempelbeträge.

Versicherungssumme	Mobilien-Stempel	abgerundet	Immobilien-Stempel
1 000	0,15	—,20	—,05
2 000	0,30	—,30	—,10
3 000	0,45	—,50	—,15
4 000	0,60	—,60	—,20
5 000	0,75	—,80	—,25
6 000	0,90	—,90	—,30
7 000	1,05	1,10	—,35
8 000	1,20	1,20	—,40
9 000	1,35	1,40	—,45
10 000	1,50	1,50	—,50
20 000	3,—	3,—	1,—
30 000	4,50	4,50	1,50
40 000	6,—	6,—	2,—
50 000	7,50	7,50	2,50
60 000	9,—	9,—	3,—
70 000	10,50	10,50	3,50
80 000	12,—	12,—	4,—
90 000	13,50	13,50	4,50

Versicherungs-summe	Mobilien-Stempel	abgerundet	Immobilien-Stempel
100 000	15,—	15,—	5,—
200 000	30,—	30,—	10,—
300 000	45,—	45,—	15,—
400 000	60,—	60,—	20,—
500 000	75,—	75,—	25,—
600 000	90,—	90,—	30,—
700 000	105,—	105,—	35,—
800 000	120,—	120,—	40,—
900 000	135,—	135,—	45,—
1 000 000	150,—	150,—	50,—
2 000 000	300,—	300,—	100,—
3 000 000	450,—	450,—	150,—
4 000 000	600,—	600,—	200,—
5 000 000	750,—	750,—	250,—
6 000 000	900,—	900,—	300,—
7 000 000	1050,—	1050,—	350,—
8 000 000	1200,—	1200,—	400,—
9 000 000	1350,—	1350,—	450,—
10 000 000	1500,—	1500,—	500,—

Die Stempelbeträge bezeichnen die für ein Jahr zu entrichtende Abgabe; wird der Stempel für mehrere Jahre fällig, so sind die Beträge mit der Zahl der Jahre zu vervielfachen, die Schlußsumme ist bei Mobiliarversicherungen auf volle 10 Pf. aufzurunden. Bei Mobiliarversicherungen, bei denen der Stempel nur für ein Jahr fällig wird, sind die abgerundeten Beträge zu benutzen.

Beispiel: Mob.-Vers.-Se. Mk. 112 500, Stempel 15.—, + 1,50 + 0,45 = Mk. 16.95, abgerundet Mk. 17.—.

Tabelle II.

Monatliche Stempelbeträge.

Vers.-Summe.	Mob.-Stempel	abgerundet	Immob.-Stempel
1 000	0,015	0,05	0,05
2 000	0,03	0,05	0,05

Verſ.-Summe.	Mob.-Stempel	abgerundet	Immob.-Stempel
3 000	0,045	0,05	0,05
4 000	0,06	0,10	0,05
5 000	0,075	0,10	0,05
6 000	0,09	0,10	0,05
7 000	0,105	0,15	0,05
8 000	0,12	0,15	0,05
9 000	0,135	0,15	0,05
10 000	0,15	0,15	0,05
20 000	0,30	0,30	0,10
30 000	0,45	0,45	0,15
40 000	0,60	0,60	0,20
50 000	0,75	0,75	0,25
60 000	0,90	0,90	0,30
70 000	1,05	1,05	0,35
80 000	1,20	1,20	0,40
90 000	1,35	1,35	0,45
100 000	1,50	1,50	0,50
200 000	3,—	3,—	1,—
300 000	4,50	4,50	1,50
400 000	6,—	6,—	2,—
500 000	7,50	7,50	2,50
600 000	9,—	9,—	3,—
700 000	10,50	10,50	3,50
800 000	12,—	12,—	4,—
900 000	13,50	13,50	4,50
1 000 000	15,—	15,—	5,—
2 000 000	30,—	30,—	10,—
3 000 000	45,—	45,—	15,—
4 000 000	60,—	60,—	20,—
5 000 000	75,—	75,—	25,—
6 000 000	90,—	90,—	30,—
7 000 000	105,—	105,—	35,—
8 000 000	120,—	120,—	40,—
9 000 000	135,—	135,—	45,—
10 000 000	150,—	150,—	50,—

Die Stempelbeträge bezeichnen die für einen Monat zu entrichtende Abgabe; bei mehrmonatigen Versicherungen sind die Beträge mit der Monatszahl zu vervielfachen, die Schlußsumme ist auf volle 5 Pf. aufzurunden. Bei Mobiliarversicherungen, bei denen der Stempel nur für einen Monat fällig wird, sind die abgerundeten Beträge zu benutzen.

Für unterjährige Versicherungen ist nie mehr als für einjährige Versicherungen zu entrichten.

Tabelle III.

Einbruchdiebstahl- und Glas-Versicherung.

Prämie Mk.	Stempel Mk.	Prämie Mk.	Stempel Mk.
1,—	—,10	60,—	6,—
2,—	—,20	70,—	7,—
3,—	—,30	80,—	8,—
4,—	—,40	90,—	9,—
5,—	—,50	100,—	10,—
6,—	—,60	200,—	20,—
7,—	—,70	300,—	30,—
8,—	—,80	400,—	40,—
9,—	—,90	500,—	50,—
10,—	1,—	600,—	60,—
20,—	2,—	700,—	70,—
30,—	3,—	800,—	80,—
40,—	4,—	900,—	90,—
50,—	5,—	1000,—	100,—

B. Transportversicherung.

I. Gemäß § 194 Abs. 1 der Ausführungsbestimmungen haben inländische Versicherer und ebenso gemäß Abs. 4 inländische Geschäftsstellen ausländischer Versicherer, denen die Leitung der Geschäfte im Inlande übertragen ist, bei Inkrafttreten des Gesetzes, also bereits am 1. Oktober 1913, der für sie zuständigen Direktivbehörde anzuzeigen, ob sie die Erfüllung der Steuerpflicht selbst übernehmen oder den zur Empfangnahme von Prämienzahlungen ermächtigten Personen (Bevollmächtigten) übertragen wollen. Die Versicherer müssen sich daher in erster Linie darüber klar werden, welchen ihrer Organe sie die immerhin nicht ganz einfache und mit Rücksicht auf die strafrechtlichen Folgen (§ 103 des Gesetzes) verantwortungsvolle Besorgung der Stempelgeschäfte übertragen wollen. Die Hauptarbeit wird wohl stets die Direktion oder, bei ausländischen Gesellschaften, der Generalbevollmächtigte auf sich nehmen. Nur für einzelne Bezirke dürften größeren Zeichnungsagenturen, bei denen eine genaue und gewissenhafte Buch- und Registerführung gewährleistet erscheint, die Steuergeschäfte übertragen werden.

An den Seebörsenplätzen wird man unbedenklich die Steuergeschäfte für die von den Maklern vermittelten Versicherungen den Maklern übertragen können, die ja auch bisher die Stempelung nach den Gesetzen der Hansestädte besorgt haben (vergl. hierzu Anmerkung 10 zu § 97 des Gesetzes auf S. 46 f.). Die Makler müssen dann in den Borderos, die sie den an den betreffenden Versicherungen beteiligten Versicherern zugehen lassen, auch die Steuernummern angeben. Da nun die an den Seeplätzen arbeitenden Gesellschaften mit verschiedenen Maklern arbeiten und zum Teil auch direkt Versicherungen zeichnen, würden in den den Steuerbehörden an den Seeplätzen einzureichenden Nachweisungen (Muster 35) folgende Angaben zu machen sein:

1. Direkt abgeschlossene Versicherungen laut Versicherungsstempelbuch bezw. Versicherungsregister: . . . .
2. Durch den Makler A abgeschlossene Versicherungen (Steuernummer des Maklers: . . . .)
3. Durch den Makler B abgeschlossene Versicherungen (Steuernummer des Maklers: . . . .)
4. usw.

Wahrscheinlich werden von den Steuerbehörden in Hamburg und Bremen noch nähere Anweisungen über die bei Bevollmächtigung der Makler zu erfüllenden Formalitäten und zu liefernden Nachweise erlassen werden. Es wird sich daher für die nicht in Hamburg domizilierenden Versicherungsgesellschaften empfehlen, der Direktivbehörde lediglich ihre Hamburger bezw.

Bremer Vertreter als diejenigen Stellen zu bezeichnen, denen sie die Erfüllung der Steuerpflicht übertragen haben. Die betreffenden Vertreter würden dann das weitere bezüglich der Nachweisung der durch Makler abgeschlossenen Versicherungen den Steuerbehörden an den Seeplätzen gegenüber zu veranlassen haben.

II. Die Ausführungsbestimmungen sehen folgende drei Möglichkeiten für die Erhebung der Steuer vor:

1. Entrichtung der Abgabe auf Grund des Versicherungsstempelbuchs (§§ 195—199).
2. Entrichtung der Abgabe auf Grund der Geschäftsbücher und Register (§ 200).
3. Entrichtung der Abgabe im Abrechnungsverfahren (§ 201).

Die Versicherungsgesellschaften werden sich von vornherein darüber klar werden müssen, welche dieser drei Modalitäten sie wählen wollen.

Die erste für die Praxis unbequemste Form dürfte für größere Betriebe von vornherein ausscheiden, und es bleibt dann nur die Wahl zwischen dem § 200 und 201 der Ausführungsbestimmungen. In beiden Fällen bedarf es eines Antrages an die oberste Landesfinanzbehörde des betreffenden Bundesstaats. Im Falle des § 200 müssen eventuell noch besondere Anträge bezüglich Verlängerung der Aufstellungszeit für die Versicherungsverzeichnisse usw. bis zu einem Vierteljahr und bezüglich der Bemessung der abzuführenden Abgaben nach dem Sollbetrage des Versicherungsentgelts eingebracht werden. Die Anträge müssen unverzüglich gestellt werden, da andernfalls gemäß § 195 Abs. 1 und § 197 Abs. 1 der Ausführungsbestimmungen spätestens am 30. November 1913 das Versicherungsstempelbuch gemäß Muster 34 über den Monat Oktober 1913 der zuständigen Steuerstelle vorgelegt werden muß.

Erfolgt die Erhebung der Steuer auf Grund eines besonderen Versicherungsstempelbuchs gemäß §§ 195—199 der Ausführungsbestimmungen, so bedarf es einer Änderung der jetzt im Gebrauch befindlichen Versicherungsregister, Borderos usw. nicht. Werden jedoch gemäß § 200 als Aufstellung für Stempelsteuerzwecke die über die Versicherungen sonst geführten Bücher oder Listen benutzt, oder soll gemäß § 201 die Entrichtung der

Stempelabgabe im Abrechnungsverfahren erfolgen, so bedarf es einer Erweiterung der jetzt im Gebrauch befindlichen Formulare durch Aufnahme der gemäß § 97 Abs. 1 des Gesetzes erforderlichen Angaben. Die Formulare müssen hiernach für die Transportversicherung enthalten: Die Nummer des Versicherungsscheins, den Gegenstand der Versicherung, den Betrag des gezahlten Entgelts (Barprämie), den Steuersatz und den fälligen Stempel. Der Steuersatz kann fortfallen, wenn für Kasko- und Baurisiken-Versicherungen einerseits und sonstige Transportversicherungen anderseits besondere Formulare benutzt werden. Weiter empfiehlt es sich, für Valorenversicherungen und Rückversicherungen sowie schließlich für alle Versicherungen mit Ausländern (siehe unten III) besondere Bücher zu führen, da alsdann über die betreffenden Versicherungen der Steuerbehörde Nachweise nicht vorzulegen sind. Bei laufenden Versicherungen genügen in dem Falle der §§ 200 und 201 die Deklarationsbeibücher bezw. die Maklerborderos, die monatlich, bezw., wenn gemäß § 200 Abs. 1 Satz 2 die Aufstellungszeit verlängert worden ist, vierteljährlich der Steuerbehörde vorzulegen sind.

III. Kreis der steuerpflichtigen Personen.

Der Stempelsteuer unterliegen gemäß der Bemerkung zu den Eingangsworten der Tarifstelle 12 bei der Transportversicherung nur diejenigen Versicherungen, die mit Personen abgeschlossen sind, die im Inlande ihren Wohnsitz oder dauernden Aufenthalt haben. Versicherungen mit Ausländern sind daher auch dann nicht stempelpflichtig, wenn sie im Inlande abgeschlossen worden sind. Die betreffenden Versicherungen brauchen mithin auch in die den Steuerbehörden vorzulegenden Nachweise nicht aufgenommen zu werden. Dagegen sind die im Auslande mit Inländern abgeschlossenen Versicherungen stempelpflichtig und müssen der Steuerbehörde gegenüber ebenso wie inländische Versicherungen behandelt werden.

IV. Verrechnung des Stempels mit den Versicherungsnehmern.

Um die Einziehung des Stempels bei den Versicherungsnehmern, die gemäß § 100 Satz 1 des Gesetzes Schuldner der

Abgabe sind, zu erleichtern, empfiehlt es sich, auf alle Einzelpolizen und Prämienquittungen an auffallender Stelle einen Vermerk etwa folgenden Inhalts aufzunehmen:

„Der Stempel gemäß Tarifstelle 12 C des Reichsstempelgesetzes vom 3. Juli 1913 ist mit Mk. . . . . . bezahlt."

Dieser Vermerk muß bereits auf alle vom 1. Oktober 1913 ab eingelösten Dokumente gesetzt werden. Für die in der Zeit zwischen dem 1. April und 1. Oktober 1913 neu abgeschlossenen Versicherungen, für die Zahlungen für mehr als ein Versicherungsjahr im Voraus geleistet sind, ist der Stempel für den Teil der Prämie, der sich auf die ein Jahr überschreitende Zeit bezieht, nachzuzahlen. In diesem Falle empfiehlt es sich, gemäß § 208 Abs. 2 der Ausführungsbestimmungen bei der obersten Landesfinanzbehörde zu beantragen, daß die Anmeldung und Entrichtung der Abgabe mit der Anmeldung und Abführung des nächstfälligen Abgabebetrages verbunden werden darf. Dem Versicherungsnehmer muß dann der betreffende Stempelbetrag bei der nächsten Zahlung mit in Rechnung gestellt werden.

Tabelle.

A. Kasko- und Baurisiken-Versicherungen.		B. Sonstige Versicherungen.	
Betrag der Prämie	Stempelbetrag	Betrag der Prämie	Stempelbetrag
bis 10 Mk.	0,05	bis 10 Mk.	0,10
über 10—20	0,10	über 10—20	0,20
„ 20—30	0,15	„ 20—30	0,30
„ 30—40	0,20	„ 30—40	0,40
„ 40—50	0,25	„ 40—50	0,50
„ 50—60	0,30	„ 50—60	0,60
„ 60—70	0,35	„ 60—70	0,70
„ 70—80	0,40	„ 70—80	0,80
„ 80—90	0,45	„ 80—90	0,90
„ 90—100	0,50	„ 90—100	1,—
„ 100—110	0,55	„ 100—110	1,10
— —	—	— —	—

A. Kasko- und Baurisiken-Versicherungen.

	Betrag der Prämie	Stempelbetrag
über	190—200	1,—
	— —	—
„	290—300	1,50
	— —	—
„	390—400	2,—
	— —	—
„	490—500	2,50
	— —	—
„	590—600	3,—
	— —	—
„	690—700	3,50
	— —	—
„	790—800	4,—
	— —	—
„	890—900	4,50
	— —	—
„	990—1000	5,—
	usw.	usw.

B. Sonstige Versicherungen.

	Betrag der Prämie	Stempelbetrag
über	190—200	2,—
	— —	—
„	290—300	3,—
	— —	—
„	390—400	4,—
	— —	—
„	490—500	5,—
	— —	—
„	590—600	6,—
	— —	—
„	690—700	7,—
	— —	—
„	790—800	8,—
	— —	—
„	890—900	9,—
	— —	—
„	990—1000	10,—
	usw.	usw.

C. Lebensversicherung.

Für die praktische Durchführung des neuen Reichsstempelgesetzes, das mit dem 1. Oktober 1913 in Kraft tritt, sind seitens der Lebensversicherer eine Reihe von Maßnahmen zu ergreifen.

I. Zunächst ist festzustellen, ob die Voraussetzung für die Versteuerungspflicht bei den nach dem 1. Oktober 1913 zum Inkasso kommenden Prämien gegeben ist oder nicht.

a) Erste Voraussetzung für die Stempelpflicht ist, daß die betreffende Lebensversicherung mit einer Person abgeschlossen worden ist, die im Inland ihren Wohnsitz oder ihren dauernden Aufenthalt hat. Der Lebensversicherer ist daher genötigt, aus seinem gesamten Versicherungsbestand alle mit Ausländern abgeschlossenen Lebensversicherungen herauszunehmen und sie einer besonderen Kontrolle daraufhin zu unterstellen, ob die ausländischen Versicherten nicht während der Dauer der Versicherung ihren Wohnsitz und ständigen Aufenthalt in das Inland verlegen, was die Stempelpflichtigkeit dieser bisher steuerfreien Versicherungen nach sich ziehen würde. Aber auch der inländische Versicherungsbestand ist ständig daraufhin zu prüfen, ob nicht inländische Versicherte in das Ausland übersiedeln und dort ansässig werden. In diesem Falle würde die bis dahin stempelpflichtige Versicherung sich in eine steuerfreie umwandeln.

b) Zweite Voraussetzung für die Versteuerungspflicht ist, daß die Versicherungssumme den Betrag von 3000 Mk. überschreitet. Hieraus ergibt sich für den Lebensversicherer die Notwendigkeit, die Versicherungen bis zu 3000 Mk. und über 3000 Mk. voneinander zu trennen. Der Bestand an Versicherungen bis zu 3000 Mk. bedarf einer fortwährenden Überwachung von dem Gesichtspunkt aus, ob nicht durch eine Nachversicherung desselben Versicherten die 3000-Mark-Grenze überschritten worden und hierdurch die aus zwei oder mehr Lebensversicherungen bestehende Gesamtversicherung der betreffenden Person stempelpflichtig geworden ist. Auch die Versicherungen über 3000 Mk. bedürfen einer regelmäßigen Durchsicht, damit festgestellt wird, ob nicht Versicherungen, die bei Inkrafttreten des Stempelgesetzes auf mehr als 3000 Mk. lauteten, im Laufe der Versicherungsdauer auf einen Betrag von 3000 Mk. oder weniger herabgesetzt und damit stempelfrei geworden sind. Die Unterscheidung zwischen steuerfreien und -pflichtigen Lebensversicherungen entfällt bei denjenigen Lebensversicherern, die die Höchstversicherungssumme satzungsgemäß auf einen Betrag von weniger als 3000 Mk. beschränkt haben. Es sind dies in erster Linie die Volksversicherer.

II. Einer besonderen Behandlung sind diejenigen stempelpflichtigen Lebensversicherungen zu unterwerfen, auf die Prämienzahlungen während der Zeit vom 1. April 1913 bis zum 1. Oktober 1913 geleistet worden sind. Ist hierbei die Prämie auf mehr als 1 Jahr im voraus gezahlt, so ist der Reichsstempel von dem Teil der Prämie zu erheben, der sich auf die 1 Jahr übersteigende

Zeit bezieht. Auf die hiernach fällige Reichssteuer wird aber, wenn anläßlich dieser Prämienzahlung ein Landesstempel entrichtet wurde, dieser angerechnet, soweit er auf die Zeit nach Ablauf des laufenden Versicherungsjahres bis zur nächsten Prämienzahlung entfällt.

Ein Beispiel mag das Gesagte erläutern: Am 1 Juni 1913 wird ein Kapital von 15 000 Mk. eingezahlt, durch das sich der Einleger eine nach 30 Jahren beginnende Leibrente sichert. Für diese Rentenversicherung ist bei ihrem Abschluß ein Landesstempel von 30 Mk. zu entrichten. Der Versicherungsnehmer hat für den Teil der Prämie, der sich auf die ein Jahr übersteigende Zeit bezieht, den Reichsstempel von $^1/_2$ % der Barprämie zu tragen. Es ist mithin Reichsstempel von 15 000—500 Mk., gleich 14 500 Mk. zu zahlen. Er beläuft sich auf 72,50 Mk. Auf ihn ist der Landesstempel mit $\frac{30 \cdot 29}{30} = 29$ Mk. anzurechnen. Es sind danach noch 43,50 Mk. Reichsstempel zu entrichten.

Diese Ausführungen zeigen, daß dem § 106 für die Lebensversicherung eine allzu große Bedeutung nicht zukommt. Der Versicherer hat lediglich festzustellen, ob für Versicherungen, die in der Zeit zwischen dem 1. April 1913 und 1. Oktober 1913 abgeschlossen wurden, Prämien für mehr als ein Jahr im voraus entrichtet wurden. Dann ist der Reichsstempel einzufordern. Auf ihn wird aber der etwa gezahlte Landesstempel zu einem entsprechenden Teil angerechnet. Die Vorschrift des § 106 hat hiernach in erster Linie Bedeutung für die im genannten Halbjahr neu abgeschlossenen Versicherungen mit einmaliger Prämienzahlung, d. h. die Rentenversicherungen. Für am 1. April 1913 schon bestehende Versicherungen kommt § 106 nur in Frage, wenn auf diese Versicherungen im Halbjahr April/Oktober 1913 in Abänderung der bisherigen Prämienzahlungsweise eine Prämie für mehr als ein Jahr im voraus gezahlt worden ist. Es habe z. B. jemand am 1. Mai 1900 eine Lebensversicherung über 5000 Mk. mit jährlicher Prämienzahlung abgeschlossen. Ende April 1913 tritt er eine Weltreise an, die ihn $2^1/_2$ Jahre von Hause fernhält. Da er seine Lebensversicherungsverhältnisse geregelt wissen will, zahlt er zum 1. Mai 1913 die Prämie gleich auf 3 Jahre im voraus. Der auf die Zeit vom 1. Mai 1914 bis 1. Mai 1916 entfallende Teil der Prämie unterliegt dem Reichsstempel.

III. Nach § 194 der Ausführungsbestimmungen muß sich der Lebensversicherer klar darüber werden, ob er nach Inkrafttreten des Gesetzes die Stempelsteuerpflicht selbst übernehmen oder einem oder mehreren Bevollmächtigten übertragen will. Für die Lebensversicherung dürfte die Regel die Erfüllung der Stempelpflicht durch den Versicherer selbst sein, da die Zweigniederlassungen und Geschäftsstellen der Gesellschaften vielfach nicht diejenigen Register und Verzeichnisse führen, auf Grund deren die Steuerbehörde die Prüfung für die richtige Erhebung und Abführung des Stempels vorzunehmen hat. Von seiner Entscheidung hat der Versicherer der zuständigen Steuerbehörde Kenntnis zu geben. Soll die Steuererhebung durch Bevollmächtigte vorgenommen werden, so hat der Versicherer der Steuerbehörde eine Liste aller Bevollmächtigten einzuhändigen, die dauernd auf dem Laufenden gehalten werden muß.

IV. Zu entrichten ist der Reichsstempel zunächst vom Versicherer. Schuldner der Abgabe ist nach dem Gesetz indessen der Versicherungsnehmer. Der Versicherer muß daher den von ihm verauslagten Stempel beim Versicherungsnehmer einziehen. Wie dies zu geschehen hat, sagt das Gesetz nicht. Es läßt dem Versicherer hierin freie Hand. Dieser wird die Erhebung der Steuer beim Versicherungsnehmer zweckmäßiger Weise in Verbindung mit der Einziehung der Prämie vornehmen. Zu diesem Zweck ist in die Prämienquittungen eine entsprechende Eintragung zu machen, aus der der Steuersatz und der Betrag der Steuer hervorgeht. Nützlich wird es sein, hierbei den Versicherungsnehmer in irgendeiner Form auf die Entstehung des ihm zunächst ungewohnten Reichsstempels und kurz auf die Zwecke hinzuweisen, die durch die Erhebung dieser neuen Steuer vom Reich verfolgt werden. Es muß dem Versicherungsnehmer der Eindruck genommen werden, daß der Versicherer ihm von sich aus eine neue Gebühr auferlegt oder daß er mehr fordert, als das Gesetz verlangt. Ganz besonders wird die Klarstellung der Sachlage dort notwendig sein, wo der Versicherungsnehmer erst vor kurzer Zeit bei Abschluß seiner Versicherung einen mehr oder minder hohen Landesstempel zahlen mußte.

Die Eintragung auf der Prämienquittung könnte etwa folgendermaßen gestaltet werden:

1. Betrag der Prämie	Mk.	. . . .
2. abzüglich Dividende	„	. . . .
Rest	Mk.	. . . .
3. zuzüglich Reichsstempel in Höhe von $^1/_2$ % der Barprämie . . .	„	. . . .
Summe	Mk.	. . . .

Zur Erläuterung könnte in Form eines Stempelaufdrucks oder eines an die Quittung angeklebten oder angeklammerten gedruckten Zettels hinzugefügt werden:

„Durch Reichsgesetz vom 3. Juli 1913 wird von den Lebensversicherungsprämien eine Stempelsteuer im Betrage von 5 Pfennigen für je 10 Mark Barprämie (d. h. Tarifprämie abzüglich Dividende) erhoben. Der Ertrag des Stempels wird für die Deckung der Mehrkosten verwandt, die die Verstärkung der deutschen Wehrmacht verursacht."

V. Die Abführung der Stempelbeträge an die zuständige Steuerstelle kann auf dreierlei Weise erfolgen.

a) Erstens unter Zuhilfenahme des Versicherungsstempelbuches, in das die steuerpflichtigen Lebensversicherungen und die gezahlten Prämien- und Stempelsteuerbeträge einzutragen sind. Das Buch ist monatlich aufzurechnen und bis zum Ende des folgenden Monats der Steuerstelle einzuhändigen. Dieser Weg, der die Führung eines für jeden Monat neu anzulegenden Versicherungsstempelbuches vorsieht, dürfte von den Lebensversicherern allgemein kaum beschritten werden.

b) Näher liegt es für sie, von dem zweiten, im Gesetz vorgesehenen Steuerentrichtungsverfahren Gebrauch zu machen, nämlich für die Zwecke des Reichsstempels die bei den meisten Gesellschaften geführten Prämienregister oder sonstigen Versicherungsverzeichnisse, Borderos usw. zu benutzen. Soll dies geschehen, so ist ein entsprechender Antrag bei der obersten Landesfinanzbehörde vom Versicherer zu stellen. Wird dem Antrag stattgegeben, so wären die Prämienregister usw., die im allgemeinen schon jetzt die für die Berechnung der Abgabe und die Festhaltung der Versicherung erforderlichen Angaben enthalten, durch eine Eintragung für den fälligen Stempel zu ergänzen. Die Abführung der Steuer kann eventuell vierteljährlich und zwar nach dem Sollbetrage erfolgen. Etwaige Prämienausfälle werden bei der nächsten Abrechnung berücksichtigt.

c) Wird auch dieses Verfahren nicht angewandt, so wird im § 201 der Ausführungsbestimmungen noch auf eine dritte Zahlungsart hingewiesen, die auf Antrag des Versicherers dann zugelassen wird, wenn der obersten Landesfinanzbehörde eine den Vorschriften des Tarifs entsprechende Berechnung der Abgabe und eine hinreichende Nachprüfung gewährleistet erscheint. Bei diesem Verfahren ist die Steuer unter Zugrundelegung der steuerpflichtigen Prämienzahlung des Vorjahres in monatlichen Pauschalraten bis zum 10. des folgenden Monats an die Steuerstelle abzuführen. Die endgültige Abrechnung hat nach Schluß des Abrechnungszeitraums zu erfolgen. Dann sind der Steuerstelle die Bücher und Versicherungsverzeichnisse, auf die sich die Abrechnung bezieht, vorzulegen.

Ob das an zweiter oder an dritter Stelle bezeichnete Verfahren von den Lebensversicherern benutzt wird, hängt von den besonderen Verhältnissen bei den einzelnen Versicherungsunternehmungen ab. Wo bereits die Prämienregister für die Zwecke des Landesstempels verwandt wurden und sowohl die Organe des Versicherers wie die Steuerbehörde an diese Art der Abrechnung gewöhnt sind, wird sich die Beibehaltung dieses Verfahrens auch für den Reichsstempel empfehlen. Wo Prämienregister usw. fehlen, wird dem Pauschalverfahren der Vorzug gegeben werden. Es ist aber zu beachten, daß hierbei der ungefähre Steuerbetrag eines jeden Monats bis zum 10. des folgenden Monats an die Steuerbehörde abzuführen ist. Der Versicherer hat also die Zahlung häufig schon zu leisten, wenn der Versicherungsnehmer, dem für die Prämienzahlung lange Fristen gesetzt sind, mit der Steuerzahlung noch im Rückstande ist. Hieraus können sich für große Betriebe im Laufe eines Jahres nicht unerhebliche Zinsverluste ergeben. Bei Anwendung der an zweiter Stelle geschilderten Abrechnungsart sind diese ausgeschlossen, da die Abrechnung vierteljährlich vorgenommen werden kann. Ferner muß darauf hingewiesen werden, daß beim Pauschalverfahren gemäß § 201 Ziffer 4 Satz 3 der Ausführungsbestimmungen bei der endgültigen Abrechnung die Versicherungsverzeichnisse sowie andere Bücher oder Listen, auf die sich die Abrechnung bezieht, „vorzulegen" sind. Die Einreichung der Bücher kann aber für die Betriebe mit Störungen verbunden sein. Es wird daher zunächst festzustellen sein, ob sich die Steuerbehörde damit begnügt, in diese Bücher bei der Gesellschaft Einsicht zu nehmen.

VI. Wie diese kurze Zusammenfassung zeigt, verursacht das neue Stempelsteuergesetz den Lebensversicherern eine nicht unerhebliche Mehrarbeit, an der die Buchhaltung, die Büros für die Ausfertigung der Versicherungsscheine und der Prämienquittungen wie die Generalagenturen beteiligt sind. Es läßt sich indessen hoffen, daß, wenn sich die Versicherer erst an die neue Ordnung der Dinge gewöhnt haben, sie es als einen Fortschritt gegenüber dem bisherigen Zustand auf dem Gebiet der Stempelbesteuerung empfinden werden, daß nunmehr einheitliche Steuerverhältnisse für das ganze Reich geschaffen worden sind. Bedauerlich bleibt allerdings, daß die Anrechnung der für Lebensversicherungsverträge gezahlten einzelstaatlichen Stempel auf die neue Steuer nicht allgemein durchgesetzt werden konnte. Hieraus ergibt sich für die Lebensversicherung, wenigstens für den alten Bestand an stempelpflichtigen Versicherungen, auf den nach dem 1. Oktober 1913 noch laufende Prämien gezahlt werden, eine unangenehme Doppelbesteuerung, die erst in Jahrzehnten völlig behoben sein wird. Dagegen genießen die seit dem 1. Oktober 1913 neu zum Abschluß kommenden Lebensversicherungsverträge bereits den Vorzug einer einheitlichen und einfachen Besteuerung durch das Reich.

Tabelle.

Welche Steuerbeträge von den Prämien zu erheben sind, zeigt die nachstehende Tabelle:

Die Steuer wird in Abstufungen von 5 Pf. für je 10 Mk. Barprämie oder einen Bruchteil dieses Betrages erhoben. Pfennigbeträge der Schlußsumme sind nach oben abzurunden, so daß sie durch 5 teilbar sind. Demnach beläuft sich die Steuer

bei einer Barprämie von	auf:	bei einer Barprämie von	auf:
bis zu 10 Mk.	5 Pf.	100—110 Mk.	55 Pf.
10[1])—20 „	10 „	110—120 „	60 „
20—30 „	15 „	120—130 „	65 „
30—40 „	20 „	130—140 „	70 „
40—50 „	25 „	140—150 „	75 „
50—60 „	30 „	150—160 „	80 „
60—70 „	35 „	160—170 „	85 „
70—80 „	40 „	170—180 „	90 „
80—90 „	45 „	180—190 „	95 „
90—100 „	50 „	190—200 „	100 „

[1]) Genau von Mk. 10,01, 20,01, 30,01 u. s. f.

V. Sachregister.

(Die Nummern geben die Seiten an).

Verlag von L. Friederichsen & Co., Hamburg

Verzeichnis
der
Deutschen Handelsdampfer
von
50 Brutto-Registertonnen und mehr

(DAMPFER-HANDBUCH)

1913

mit Angabe der Reederei, des Tonnengehalts, des Kapitäns, der Zahl der Besatzung, des Baujahres, des Baumaterials, des Erbauers, der Reisen im Jahre 1912, der Havarien seit 1902 und der Ergebnisse amtlicher Untersuchungen bei diesen Seeunfällen

herausgegeben von

Dr. Brüders
Generalsekretär des Internat. Transportversicherungs-Verbandes (e.V.), Berlin

FSC
www.fsc.org
MIX
Papier | Fördert
gute Waldnutzung
FSC® C083411

Kolibri 360 GmbH
Ferdinand-Jühlke-Straße 7
99095 Erfurt, Deutschland
produktsicherheit@kolibri360.de